平凡社新書
1062

税と社会保障

少子化対策の財源はどうあるべきか

諸富徹
MOROTOMI TORU

HEIBONSHA

税と社会保障●目次

第3章 財源を調達するシステムを変えるには——子育て支援政策を中心に

はじめに――福祉国家の財源をどう調達するか

日本の財政における社会保障の重要性

本書で読者の皆さんとともに考えたいのは、福祉国家の財源をどのように調達すべきか、という問題である。

こう言うと、「日本はそもそも福祉国家なのか」と疑問に思われる読者がいるかもしれない。たしかに日本は「福祉大国」ではないかもしれないが、歳出や給付に注目すれば、すでに「中程度の福祉国家」と言ってよい位置にいる。２０２０年度の実績値でみて、日本の対ＧＤＰ（国内総生産）比の社会保障支出は26・４％であり、経済協力開発機構（ＯＥＣＤ）の32カ国中14位と、中程度に位置している。

歴史的にみても、国家の役割がインフラ構築から社会保障に重点を移したことにともない、日本の財政における歳出の重点もシフトしてきた。

高度成長期の１９６０年代から70年代こそ、その最重要課題はインフラ構築であり、ゆえに最大支出項目は歳出総額の約20％を占める公共事業費だった。１９６０年代は急速な成長を可能にするため道路、港湾など産業基盤の構築に、70年代は下水道をはじめとする生活基盤の構築に集中投資が行われた。

ところが１９８０年代には逆に、社会保障費が歳出総額の約20％を占めて公共事業費を上回った。国家の役割の重心が、社会保障に移動したことが明白になり始めた時期だった。２０００年代に入ると高齢化が本格化し、歳出に占める社会保障費の比率はさらに約30％へと急速に上昇した。21世紀には、日本は名実ともに福祉国家になった。

こうして現在では、福祉国家の財源をどのように調達するかが日本の財政運営の最重要課題となっている。ところが、日本の税収は対ＧＤＰ比で19・7％と、同26位の下位グループに位置している。つまり、社会保障費はそれなりの水準に達しているのに、それを賄う十分な税収を調達できていない。そのギャップは、国債による資金調達で賄われている。

この点を２０２３年度予算で確認してみよう。

一般会計の歳出総額は約１１４兆円であり、そのうち約32％に相当する約37兆円が社会保障費によって占められている。社会保障はいまや、予算総額の約3分の1を占める最大の支出項目となっている。予算で2番目に大きな比率を占め、地方自治体に配分される地方交付税交付金等（約14％）の一部も地方自治体を通じて福祉財源に充てられるので、それも含めると社会保障関連経費は、実質的にもっと大きな比重を占めているはずである。

これに対する2023年度一般会計の歳入総額は、歳出と同額の約114兆円である。ただしその中身を見ると、「租税及び印紙収入」が約69兆円で全体の約61％、公債金が約36兆円で全体の約31％となっている。これは、歳出総額の約6割しか税収で賄えず、残る1割をその他収入で調達したあとは、約3割を借金で賄っていることになる。

財源調達手段としての税と社会保険料

こうした状態が将来にわたって持続可能なのかどうかは、本書では問わない。ただ、これまでのように国債を低コストで大量発行して潤沢に資金調達できたのは、日本銀行がゼロ金利政策を維持してきたためである点に留意しておきたい。そのおかげで利払い費を低水準に抑えることが可能になり、国債償還費の膨張を回避できたのである。もっとも、こうした政策環境は急速に変わりつつある。

世界がインフレ経済に転じるとともに、それを抑えるべく各国の中央銀行が金利を急速に引き上げた。長らくデフレ経済の続いた日本だが、2024年の賃上げ率は5・28%と33年ぶりの高水準となり、2%の物価安定目標を持続的・安定的に達成できる環境が整ってきた。これを受けて、日本銀行は2024年3月、マイナス金利の解除を決定した。この先、金利が上昇すればいずれ、国債の利払い費が大きく膨らんで社会保障費など他の経費を圧迫するようになるだろう。

インフレ経済への転換にともなって、財政政策はおのずと方向転換せざるをえなくなる。つまり国債発行を抑制しつつ、必要な経費は税収で賄う歳入システムへの回帰である。まさに、福祉国家を支える税のあり方が問われる時代に入る。本書が改めて、社会保障を支える税のあり方について問題提起を行うゆえんである。

もっとも社会保障費は、そのすべてが税収で賄われているわけではない。読者の皆さんの多くも、社会保険料を負担しているはずだ。これは、多くが給料から天引きされるために知覚しにくいが、社会保障を賄う最重要の財源である。社会保険料収入がなければ日本の社会保障給付はいまごろ、もっと貧弱なものになっていただろう。

本書のタイトルは「税と社会保障」だが、税と社会保障の両方の関係を語ろうとすると、社会保険料に触れないわけにはいかなくなる。なぜなら社会保険料は、社会保障を賄う最大の財源であるだけでなく、そもそも日本の社会保障制度（年金、医療、介護）は、社会保険制度として発展してきたからである。

とはいえ、日本の社会保障制度が発展する過程で、社会保険料の収入だけでその経費をすべて賄うことは困難になり、第2章でみるように様々な形で、「公費」と呼ばれる租税財源によって補完されるようになった。読者の方がもし、社会保障とその財源調達に関する議論に分け入ったならば、一方に「社会保険料中心で財源を調達し、租税財源は極小化すべきだ」、他方に社会保険料の問題点を指摘し、それを「租税財源で置き換えるべきだ」と主張する論者がそれぞれおり、両極化していることに気づかれるだろう。

こうした「税か保険料か」という問いは、異なる財源調達法を比較し、その利害得失を明らかにする原理論レベルでは有意義だ。しかし日本の社会保障費の財源はすでに、両者が分かちがたく結びつけられた混合状態となっており、両者を切り離してどちらか単独で制度を成り立たせるのはほぼ不可能である。重要なのは、厚生労働省（社会保険料が中心）と財務省（租税が中心）のどちら側に立つかではなく、租税と社会保険料をどう組み合わせ、社会保障の最適な財源調達システムを構築するか、でなければならない。

戦後日本の税制の展開とその現在地

以下では、戦後の日本税制の発展史を簡単に振り返ることで、日本の税制の立ち位置を確認し、今後の展開について筆者の見解を述べたい。

本書の主題である税制は戦後、どのように発展してきたのだろうか。明治期以来の近代日本の税制は、アメリカの経済学者シャウプを団長とする税制視察団の1949年と50年の2度にわたる、いわゆるシャウプ勧告によって再出発することになった。これは、あらゆる所得を合算して累進的に課税する総合所得課税を中心とする構想であり、国際的にみても非常に優れた内容をもつ税制改革の提案であった。

日本政府は1951年に、この勧告にほぼ沿った税制改正を行った。だがその直後から、シャウプ勧告からの乖離が始まっていく。勧告以降、1988年までの戦後税制の特徴は、以下の3点にまとめられるだろう。

第1に、所得税において利子、配当、株式譲渡益などの金融所得が、所得税本体から切り離され、低税率で課税されるようになった。所得税は総合所得税としての内実を失い、事実上、分類所得税と化した。年収1億円を超えると、累進所得税であるにもかかわらず負担率が逆に低下していく現在の逆進的な構造（「1億円の壁」）も、ここに起源をもつ。労働所得から金融所得を切り離して低率課税することで水平的・垂直的な公平性が失われる点は、依然として日本の所得税制の大きな問題である。

第2に、法人税において企業の設備投資の促進、あるいは輸出振興を目的として様々な租税特別措置が設けられた。これによって、法人税は政策課税化した。いったん企業に比較的高い税率で法人税を課した後、政府が設ける産業政策上の目的に合致する行動をとった企業に対し、法人税負担を減じる措置をとる。こうすることで政府は、企業を望む方向に誘導できる。法人税は財源調達手段のみならず、産業政策上の政策手段としての位置づけを与えられたのである。

第3に、自民党の長期政権下で党税制調査会が力をもち、インナーと呼ばれる数名の税制に精通した長老議員がきわめて強力な実権を振るって税制を決定していたという点にある。しかし、その内実は断片的なものであり、自民党に毎年上がってくる各利害集団からの細かい減税要求を精査し、何をどれくらいの規模で実現するかを決めていくという利害調整に他ならなかった。税制全体のデザインや方向性をほとんど議論せずにすんだのは、高度成長期以来の右肩上がりの時代で、成長とともに税収が増えていく幸福な時代だったからである。

だが1980年代以降、人口構成の高齢化にともなう社会保障費の増加、経済のグローバル化による資本移動の活発化といった経済・社会構造は、日本の税制に大きな転換をもたらさずにはいられなかった。

消費税を導入した1989年の抜本的な改革は、シャウプ勧告以来の大きな税制改革となった。所得税と法人税からなる「直接税中心主義」に軸足を置きながらも、消費税をはじめ間接税の比重を高める第1歩となった。これは現時点で振り返れば、いままさに課題となっている少子高齢化やグローバル化を踏まえ、低成長時代に対応可能な税制に転換するための最初の試みだったと解釈できる。

その後の日本の税制は、福祉国家化にともなう社会保障支出の増大に対応し、消費税率を3％から10％へと段階的に引き上げてその財源とした。加えて、グローバル化に対応して所得税の最高限界税率を引き下げて「フラット化」し、さらに企業の国際競争力を維持するために法人税率を引き下げた。「金融所得一体課税」化も進められ、利子、配当、譲渡益など金融所得の税率が一律20％に揃えられた上で、債券・公社債投信と株式・株式投信との損益通算が可能になった。これは北欧諸国が、1990年代初頭に導入した「二元的所得税」に比肩する試みといえる。

経済のグローバル化に対応するための一連の税制改革は、１９９０年代以降の国際的な税制改革の潮流に沿った、標準的な内容を備えていたと評価できる。だが他方で、それが税制の所得再分配機能を縮小させることになったという批判は、甘んじて受けなければならない。実際、各国は所得税の累進税率をフラット化させた代わりに課税ベースを広げ、実質的に所得再分配機能を維持する工夫を行った。

日本も、高所得者に有利な所得控除から税額控除へ、さらに手当の支給へと転換することで、所得再分配機能の改善を図ろうとした。具体例を挙げれば、所得制限なしの子ども手当を導入する代わりに、年少扶養親族（16歳未満）の扶養控除を２０１１年に廃止した。同時に、高校の学費を実質無償化する代わりに、16歳から18歳の扶養控除に上乗せされていた25万円分も廃止した。これらは典型的な「所得控除から手当へ」の移行政策であり、税率を変更することなく所得税の実質的な再分配機能を高める試みだと評価することができる。

日本の税制が直面する課題と今後の展開

以上、戦後の税制を概観した。シャウプ勧告から70年以上もの歳月が過ぎ、「戦後税制」としてもはや一括りにできないほど、日本の税制は当時から変化した。

依然、直接税中心主義を維持しているものの、１９８９年の消費税導入と、その後の段階的な税率の引き上げにより、最大税収を上げる税目は２０２０年に所得税から消費税に移行した。２０１２年の「社会保障と税の一体改革」以降は、消費税の社会保障目的税化も進行し、名実ともに福祉国家を支える主要財源となっている。

残る課題は、１歳出と歳入の巨大なギャップをどうするのか、２ギャップを埋めるために増税すべきか否か、３増税するとすれば、どのような税目を増税するのか、という点にある。１と２の問いについては、金利上昇が始まると公債費が膨張し、一般会計歳出の他の費目を圧迫する事態を避けるには、これまで控えてきた増税を再び俎上に載せ、財政の国債依存度を引き下げる方策を模索すべきだ、との考え方に立っている。

３番目の問いについては、順当ならば消費税の引き上げがその第1候補に挙がってくるはずである。しかし消費税のこれ以上の引き上げは、政府自身によって封印されている。

消費税の引き上げはきわめて不人気であり、政治的にリスクが大きいこと、そして景気を悪化させるリスクが高いこと、この2点が主要な理由である。

本当に、消費税の税率が10％まで引き上げられる各段階で景気を悪化させたのかは、検証が必要である。しかし少なくとも消費税の導入後に消費が減退し、その逆進的な性質から低所得者層により大きな影響を与えたことは否めない。

日本では1990年以降の30年間で賃金がほとんど上昇しなかった。その間に、消費税率は3％から10％へと3倍以上に上昇した。賃金が毎年上昇する社会とそうでない社会とでは、消費増税の影響が異なる可能性は十分にある。EU加盟国では最低でも付加価値税の税率は15％、スウェーデンなどでは25％に達している。といっても、日本でその水準まで税率を引き上げれば、低所得者を中心に大きな負の影響が起きうることは容易に想像がつく。日本で消費税を引き上げるための前提条件は、日本企業の生産性が向上し、結果として毎年の賃金上昇が定着することである（諸富 2022）。

こうした前提条件が成立していない現在では、新たな政策展開を支える財源調達の手段はいずれも、消費税以外が候補とならざるをえない。防衛費、気候変動政策（GX：グリーントランスフォーメーション）、そして子育て支援という3つの新政策にともなって、年間で約10兆円規模という巨額の新規財政支出が予定されている。それぞれに新規財源が検討されているが、その具体的な中身は以下の通りとなっている。

1、今後5年間に追加支出14・6兆円程度が必要になる防衛費で1兆円強を法人、所得、たばこの3税の増税で賄う。

2、気候変動政策について、2030年までに約20兆円の公的支出が予定されているが、それを新たに導入される「炭素賦課金」と電力部門への「排出枠オークション」で賄う（「カーボンプライシング」）。

3、年間3・6兆円規模の歳出拡大となる子育て支援政策のうち、1兆円規模を「こども・子育て支援金制度」（支援金）から支出するが、その財源を健康保険の上乗せ徴収で確保する。

防衛、気候変動、子育て支援はいずれも、1日本を取り巻く安保環境の変化、2気候変動とそれにともなう産業構造の変化、そして、3少子化による日本人の縮小再生産という、いわば「国家的危機」を乗り越えるために打ち出された政策である。

歴史的にみて、増税は国家危機に際して実施される傾向がある（諸富 2013a）。普段は誰もが増税を嫌がり、当然のことながら抵抗が強い。だが、ひとたび国家的な危機が訪れ、それを乗り越える方策に資金が必要だと国民が理解し受容すれば、増税への国民的合意が形成される。これが、国家的な危機に際して増税が実施されやすい理由である。その典型は、戦争である。アメリカ南北戦争、第1次世界大戦、第2次世界大戦など、過去に様々な戦争が新税を生み出し、既存税の飛躍的な税率引き上げを可能にしてきた。

税制を語ることは、国家を語ることに他ならない。国家的な危機に直面し、国家が新しい役割を担おうとするときに、それを賄う新しい税源が生み出され、飛躍的な増税が実施されてきたのは自然なことといえよう。

いま、戦争より緩慢な形とはいえ、日本がある種の国家的な危機に直面しているときに、私たちはそのニーズを賄う消費税以外の財源を見つける必要に迫られている。歴史的な経験から言えるのは、こういう状況下で税制上のイノベーションが起きやすいということだ。実際、先の防衛費、気候変動政策、子育て支援の3つは新しい発想に基づく新規財源である。

本書ではこのうち、子育て支援を中心に税と社会保障の問題を論じていくことにしたい。

これは第1に、子育て支援政策が少子化による日本人の縮小再生産という国家的危機に対処する政策であることによる。合計特殊出生率はさらに低下し続けており、2022年はついに1・30を割って1・26と過去最低を更新した。このまま推移すれば日本の人口はゼロに向かって減少し続けることになる。

第2に、子育て支援のための財源調達がいままさに議論の渦中にあり、そこに税と社会保障の関係を考えるうえで重要な数々の論点が含まれているからである。

第3に、子育て支援は社会保障政策のなかでも年金、医療、介護と異なって「家族政策」に位置づけられる。このため、必ずしも職域単位でリスクをシェアする社会保険の原理がそのまま適用できるわけではない。これは、子育て支援の財源を社会保険で賄うべきか否かという議論の提起につながり、税と社会保険料の関係を改めて問い直すきっかけとなる。

以上の3点が、子育て支援政策の検討を通じて税と社会保障の問題を考えようとしている重要な理由である。次章では、社会保障をめぐる財源の話に入る前に、子育て支援政策をめぐる議論の現状とその問題点を整理することにしたい。

第1章　変わらざるをえない「日本型福祉国家」

――少子化・人口減少が迫る変化

1　加速する少子化、人口減少——その何が問題か

日本の少子化は深刻さを増す一方である。出生数は１９７３年に２０９万１９８３人を記録して以降、半世紀にわたって減少し続けている。２０２２年の出生数は77万７５９人で、前年の81万１６２２人より４万８６３人も減少し、明治32年の人口動態の調査が開始されて以来の少なさだった（図１－１）。

また「合計特殊出生率」とは、一人の女性がその年齢別出生率で一生の間に生むとしたときの子どもの数である。その推移も示した（図１－２）。こちらも、１９７４年に人口を一定に維持する人口置換水準である２・０７を割って以降、現在まで一度もその水準を回復することなく減少し続けている。途中、２００５年から15年の10年間のみ１・２６から１・４５にわずかながら回復したが、２０１５年以降は再び低下の一途をたどっている。２０２２年は１・２６で、前年の１・３０より低下して過去最低となった。

この結果、日本の人口は将来にわたって減少し続けることになる。国立社会保障・人口問題研究所の将来推計によれば、２０２０年の国勢調査に基づく日本の総人口は１億２６

図1-1　日本の出生数の推移(1947～2022)

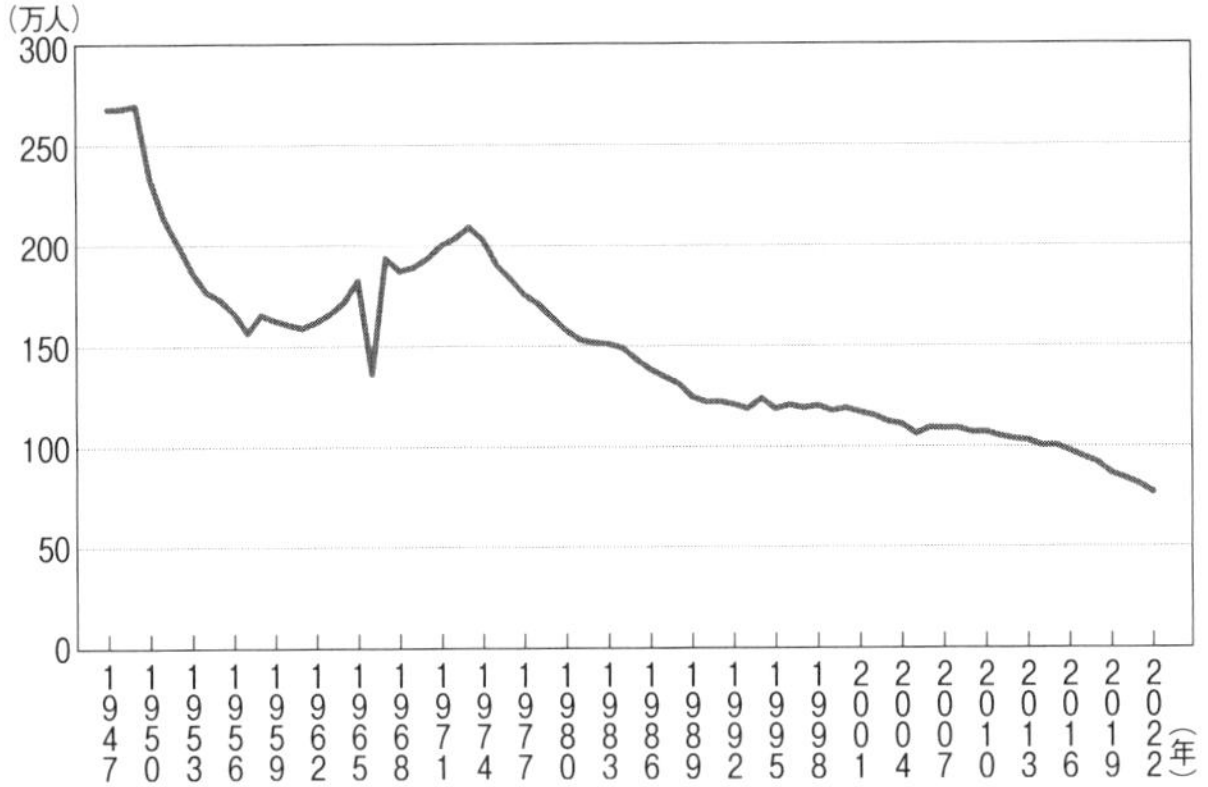

［出所］厚生労働省「令和４年（2022）人口動態統計（確定数）の概況」第２表１のデータより作成

図1-2　合計特殊出生率の推移(1947～2022)

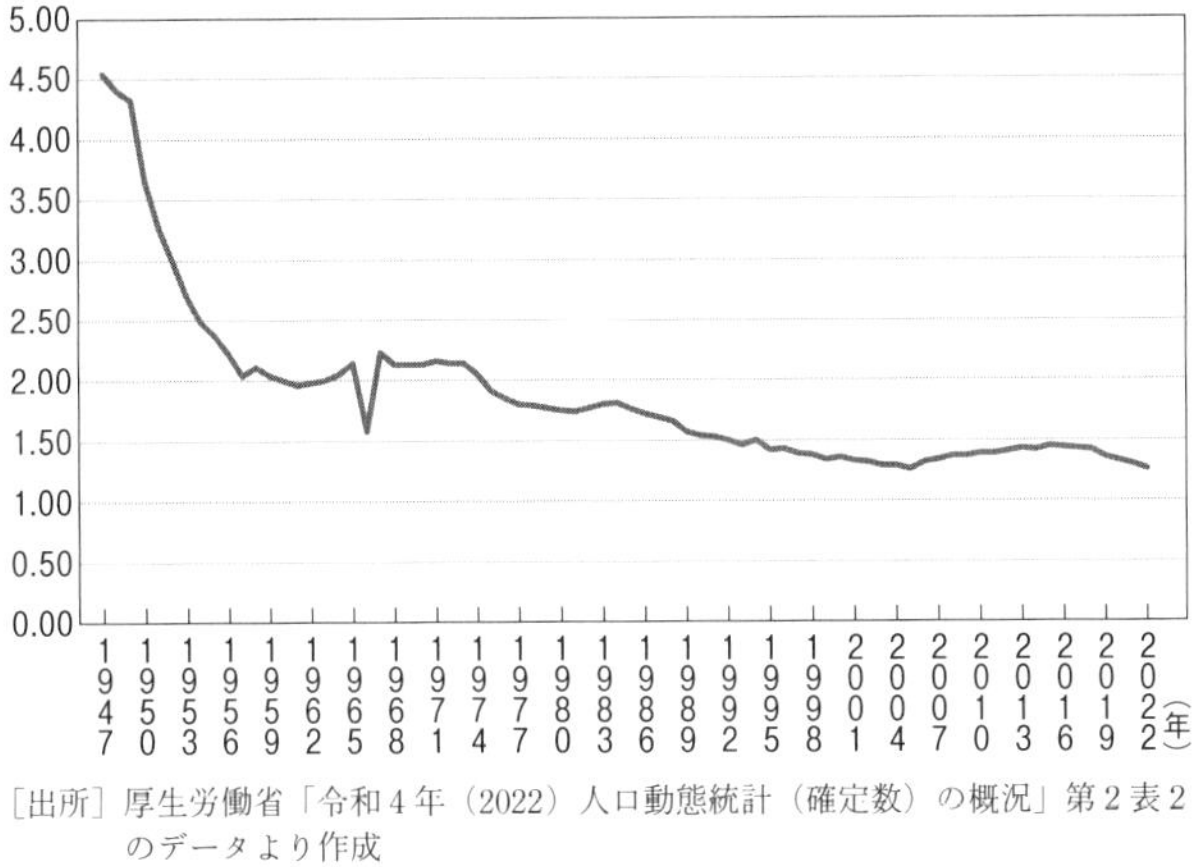

［出所］厚生労働省「令和４年（2022）人口動態統計（確定数）の概況」第２表２のデータより作成

図1-3　将来人口の推計結果

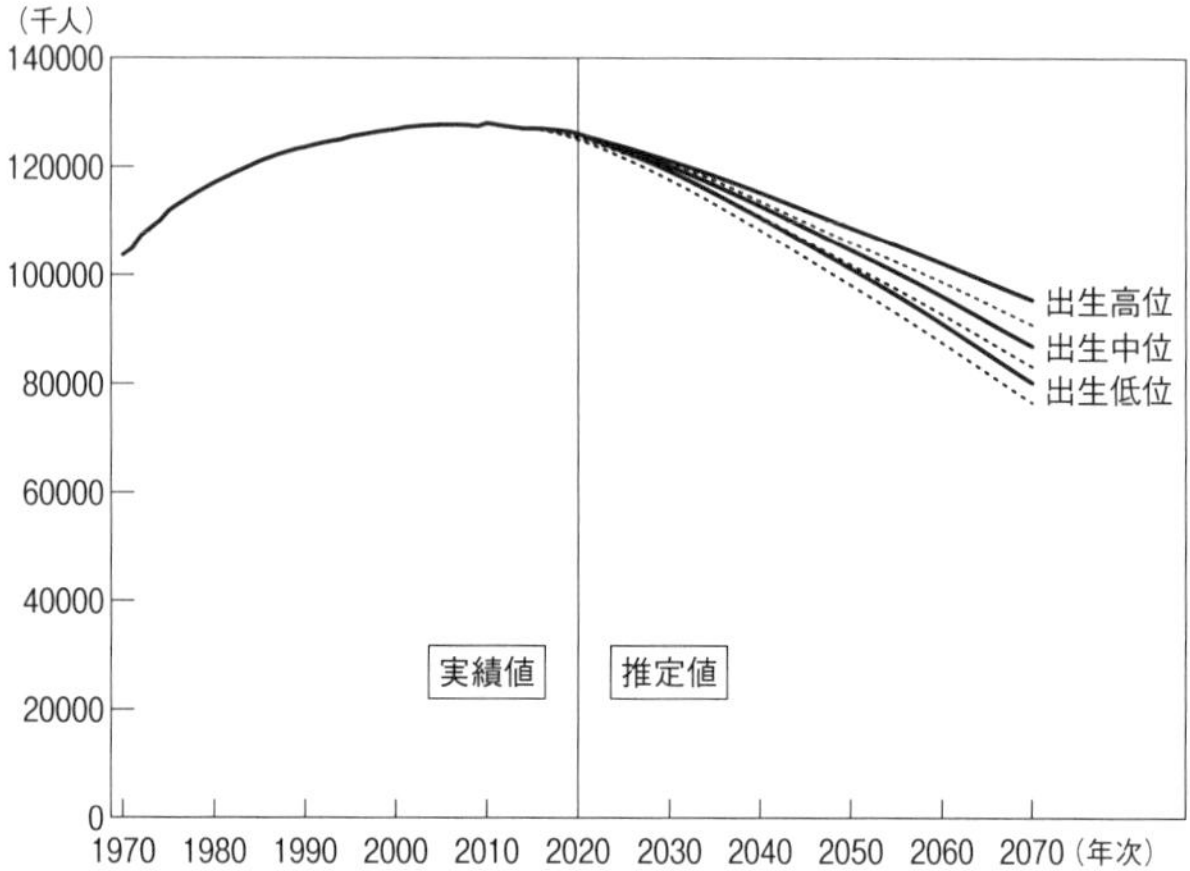

［出所］国立社会保障・人口問題研究所（2023a）、p. 2、図Ⅱ-1-1

15万人だったが、約半世紀後の2070年には中位推計で現在の約7割の8700万人に減少（**図1-3**）、さらに約1世紀後の2120年には現在の約4割の4973万人と、5000万人を割り込むと予測されている。今後、実際にどの程度人口が減少するかは合計特殊出生率、平均寿命、そして外国人入国超過者数の推移に依存して決まってくる。

図1-3の解説を少し付け加えておこう。前回の推計（2017年）が破線で、今回の推計（2020年）が実線で示されている。

今回の推計の方が、人口減少が緩やかになっているのは、前回に比べて将来の合計特殊出生率は低下するものの、平均寿命がわずかに延びること、さらに外国人の入国超過数が増加すると想定されていることが寄与している。とはいえ、これは総人口が1億人を下回る時期を2053年から2056年へとわずか3年遅らせる程度であり、大きなトレンドを覆すものではない。

では、少子化にともなう人口減少はなぜ問題なのか。

第1は、経済の供給面である。人口減少が加速することで、現在すでに顕在化している人手不足はさらに深刻化するだろう。これは、経済成長の制約要因となる。もちろん、自動化・機械化による省力化を進め、生産性を向上させれば人手不足を克服しうるかもしれない。しかし人口減少のスピードを、技術革新のスピードが上回るかどうかは定かではない。

例えば、バスなど公共交通は運転手不足のためにすでに減便、路線廃止が進んでいる。自動運転の実現はまだ見通せない。これに加えて2024年4月1日に、「働き方改革関連法」に基づく時間外労働時間の上限規制が物流業や建設業で導入され、人手不足はさらに深刻化すると見込まれる。

もっとも、労働力の不足には積極的な側面もある。企業がこの問題を克服して生き残るには自動化と機械化、さらにＤＸを通じてイノベーションを加速せざるをえなくなるからだ。こうした省力化は通常、失業問題を招く。だが日本の場合は人手不足を補うことが目的なので、省力化が失業問題を招くリスクはそう大きくはないだろう。さらに言えば、過去30年にわたって続いた賃金水準の低迷も打ち破られるはずだ。すでに人手不足から賃金の上昇が始まっている。人手不足が「希少資源」となった労働の価値を高め、「賃金上昇→所得上昇→消費拡大」という好循環の起点になる可能性すらある。

第2は、経済の需要面である。人口減少が進むと国内需要は縮小する。それまで国内市場だけで成り立っていた事業は、需要縮小で十分な収益を上げられなくなる。大企業は海外市場を開拓する力があるが、そうした余力をもたない中小企業は廃業を迫られる可能性がある。分かりやすい事例が、大学教育である。学生数の減少によって、すでに複数の私立大学が閉校に追い込まれている。若者を対象とする大学教育は、人口減少の影響を最初に受ける事業であり、今後、需要縮小にともなって閉校する大学はさらに増加すると見込まれる。

第3に、日本の経済規模の縮小や停滞にともなって、日本経済の国際的な位置づけは相対的に低下していくだろう。国際通貨基金（ＩＭＦ）によれば、すでに２０２３年に日本のＧＤＰはドイツに抜かれ、世界3位の規模から4位に低下した。さらにインドが日本に迫っており、ＩＭＦの予測では２０２６年にもインドに抜かれ、日本は第5位に低下するという。ドル建てＧＤＰは為替や物価の影響も受けるが、人口減少が現在のペースで進めば２０７０年までにさらなる順位低下も十分ありうる。

もっとも、これも急いで付け加えなければならないが、経済規模がそのまま豊かさを示すわけではない点、留保が必要である。北欧諸国のように人口規模は小さいのに、１人あたりＧＤＰは世界でトップレベルにあり、きわめて高い生活水準を実現できている国々もある。人口減少が避けられないとしても、１人あたりＧＤＰは伸びていくような経済構造にどう転換できるかが課題だ（ちなみに、日本の１人あたりＧＤＰは２０００年の世界2位から２０２２年には同32位に転落）。

第4は、社会保障の持続可能性である。年金、医療、介護は、現役の働き手が社会保険料を納め、さらに税金を納めることでその財源を支えている。人口減少が加速化し、働き手が減少すれば、今後さらに増加すると見込まれる社会保障費の担い手は減少し、社会保障の持続可能性に疑問符が付く事態になりかねない。

第5に、これが最も深刻な問題だが、少子化が止まらないということは、家庭をつくり、子育てをすることが経済的理由その他で困難だと感じている人々が多いことを意味する。これは後述するが、日本人は決して子どもをもたないと決意したわけではない。どちらかといえば、条件が整えば子どもをもちたいと思っている人々が多い。だが、様々な理由で人々は希望を満たせない状況に置かれている。そこに問題がある。

政府が推し進める子育て支援は、子育てを私的なもの、家庭責任に属するものとしてきた従来の観念から脱却し、それを社会全体で支援することで、両親の肩にのしかかっていた子育ての労力と費用負担を軽減することを目指している。これは子育ての「社会化」と呼ばれ、政府がいままさに取り組もうとしていることに他ならない。

だが、他方で考えなければならないのは、そもそも子育て以前の話として、結婚に行き着かない、行き着けない多くの人々がいるという点だ。そして、仮に結婚まで行き着いたとしても、子育てを断念せざるをえない多くの人々がいるのだ（こども家庭庁 2023a, p.27–30）。

なぜなのか。1つには、日本では依然として女性に「仕事か子どもか」の究極の選択を迫りがちだという厳然たる事実がある。つまり子どもをもとうとすれば、女性は子どもをとるか、それとも仕事をとるか、二者択一を迫られることが実に多い。仕事を続け、キャリアを積みながら子どももちたい、多くの女性がそう望んでいるにもかかわらず、それを実現できない様々なハードルがこの社会には存在している。それらを一つ一つ取り除いていかない限り、少子化傾向を逆転させることは難しい。

もう1つには、非正規労働や不安定雇用に就いている人々の多くが、得られる所得の少なさから、自分の生活だけで精一杯となり、とても結婚・子育ての展望をもちえないと感じていることが大きい。

女性が依然として自らのキャリアと子育てを両立できない社会であること、非正規雇用や不安定雇用の人々の多くが結婚できず、また家庭をもてないでいること、これらは日本経済の構造問題の1つであり、これを克服することは少子化問題の解決に資するだけでなく、日本経済の成長に直結する重要な論点である。ゆえに本書の後半で再度、この点に触れることにしたい。

次節では、人口減少に立ち向かうべく政府がどのような少子化対策と子育て支援を打ち出そうとしているのかを検討することにしたい。

2 「異次元の子育て支援政策」とその限界

1 「こども未来戦略」と「加速化プラン」

２０２３年12月22日、政府のこども未来戦略会議において「こども未来戦略」（内閣官房 2023b, 以下、「戦略」と略す）が決定された。これは、政府が次元の異なる少子化対策を包括的、かつ体系的に打ち出したものである。その中身はいったい、どのようなものなのか。

「戦略」は冒頭で、「少子化は、我が国が直面する、最大の危機である」との強い危機感を表明する。若年人口が急激に減少する２０３０年までに少子化傾向を反転できなければ、それ以降はもはや人口減少を食い止められなくなると指摘した上で、いまが反転に向けたラストチャンスだと強調する。

目を引くのは、第Ⅱ節「こども・子育て政策の強化：３つの基本理念」において、現状認識や基本理念を丁寧に説明している点だ。それは、狭義の子育て支援政策の範囲を超えて日本経済の構造的な課題に踏み込んだ、この種の政府文書としては珍しくメッセージ性の強い内容となっている。

若い世代が結婚・子育てに希望をもてていないこと、その背後には経済的不安があること、これらを率直に認め、不安を解消するには若い世代の所得を増やす必要があること、とくに非正規雇用の人々の待遇改善が必要であることを指摘している点は、きわめて妥当な認識だといえる。

こうした基本理念の下で展開される具体的な政策を示したのが、第Ⅲ節の「加速化プラン（以下、「プラン」と略す）」に他ならない。本書の主題との関係で重要なポイントを以下5点にまとめ、確認しておこう。

1、子育てに関する費用負担の軽減

子育てに多くの費用がかかるのは事実である。そうした費用の一部を社会的に負担することで、子育て当事者が負担する費用を軽減する必要がある。最大の目玉は、児童手当の拡充だ（2024年10月実施予定）。所得制限を撤廃し、子ども全員に給付対象を拡げたうえで、支給期間を高校生の年代まで延長する。0歳から3歳未満までは月額1万5千円、

3歳から高校生までは月額1万円が支給される。さらに、第3子以降は手当を加算して3万円を支給する。

出産にともなう費用も支援する。「出産・子育て応援交付金（10万円）」、出産育児一時金の引上げ（42万円→50万円）、低所得の妊婦に対する初回の産科受診料の費用助成、出産費用（正常分娩）の保険適用の導入、などのメニューが挙げられている。

2、保育サービスの質的向上

待機児童対策の推進により量的拡大は進んだものの、保育サービスの質に対して子育て世帯が不安を抱えている。「戦略」は、彼らが安心して子どもを預けられるよう体制整備を急ぐ必要があるとしている。具体的には、職員配置基準を1歳児について6対1から5対1へ、4、5歳児について30対1から25対1へと改善を図るほか、給与引き上げなど保育士の処遇改善を打ち出している。

また、「孤立した育児」を解消するため、就労要件を問わず時間単位等で柔軟に利用可能な新しい通園給付（「こども誰でも通園制度〈仮称〉」）を創設する。

3、男性の育児参加の促進
子育ての負担は著しく女性に偏っており、これを是正するには、男性の育児参加が不可欠である。そのための条件整備として男性の育休取得率（とくに民間企業）を大幅に引き上げる（２０２２年現在17・１３％↓50％〈２０２５年〉、さらに85％〈２０３０年〉へ）。

育休取得期間の給与水準を保障するため、男女ともに給付率を従前所得の67％（手取りで８割相当）から80％（手取りで10割相当）に引き上げる。

4、時短制度の充実
育休期間が終わっても、子どもは両親によるケアを必要としている。いきなりフルタイム勤務ではなく、小学校就学までの間、両親とも柔軟に時短勤務を選択できるようにするとともに、それによる給与の低下を補う仕組み（「育児時短就業給付〈仮称〉」）を創設する。

5、非正規雇用、自営業者、フリーランスへの対応
以上の様々な支援措置は、雇用保険と健康保険の枠組みを利用して実施される。このため、これら社会保険でカバーされていない非正規雇用の人々は、支援対象から外れるとい

う問題が生じる。これを解消するため、週所定労働時間10時間以上20時間未満の労働者に保険適用を拡大することを検討する。

国民年金の第1号被保険者である自営業者、フリーランスなどの人々が育休をとる場合の経済的補償措置として、保険料免除措置を創設する。

2 「加速化プラン」の政策理念は何か

「戦略」は、加速する少子化に対する深い危機感を背景に、これまで政府が打ち出したなかでもっとも包括的かつ体系的な子育て支援策の提示だといえる。その実現には財源が必要だが、これについても新規を含む財源確保策の提示に踏み込もうとしている点、その意気込みを高く評価したい。

もし「プラン」の中身が完全実施されれば、日本のこども・子育て関係予算は現在GDP比で11・0%のところ16%程度に上昇し、OECDトップ水準のスウェーデン（同15・4%）に並ぶ水準になるという。もちろん、これらの政策が期待通りの効果を発揮するか否かは重要な論点だが、この点は他の優れた著作に委ねることにしたい（柴田 2016, 2017；山口 2019, 2021）。

「プラン」の下敷きとなっているのは、現内閣官房参与（社会保障・人口問題）兼内閣官房全世代型社会保障構築本部総括事務局長の山崎史郎氏による著作『人口戦略法案』（山崎 2021：以下、『法案』と略す）だと思われる。

著書の中で、日本の出生率低下の要因を分析し、各国の子育て支援策を比較検討するとともに、政策の成否についても要因分析を行っている。その上で、日本の政策に何が欠けているのかを明らかにし、新たな子育て支援政策の理念とその具体的内容を、きわめて説得的な形で提示している。その多くが実際に「プラン」に記載された政策メニューと重なり合っており、また、山崎氏自身が内閣官房で子育て支援政策を取りまとめる立場にあることから、政策アイディアがプランに多大なる影響を与えたと推測できる。

そこで、政策提案の中核部分を紹介することにしよう。**図1－4**は、山崎提案の中核部分に関する基本構造を示したものである。これは、先に述べた「プラン」の1、および3から5に該当する。この図の上半分には現行制度が記載されている。出産手当（産休給付）は医療保険、育休手当（育休給付）は雇用保険制度をそれぞれ財源としている。ところが、これら手当は社会保険に加入していることが支給条件となるため、正規雇用、あるいは非正規雇用者のうち一定の条件を満たす者しか対象にならない。図の上段左側に記載されて

図1-4　新育休制度の基本構造

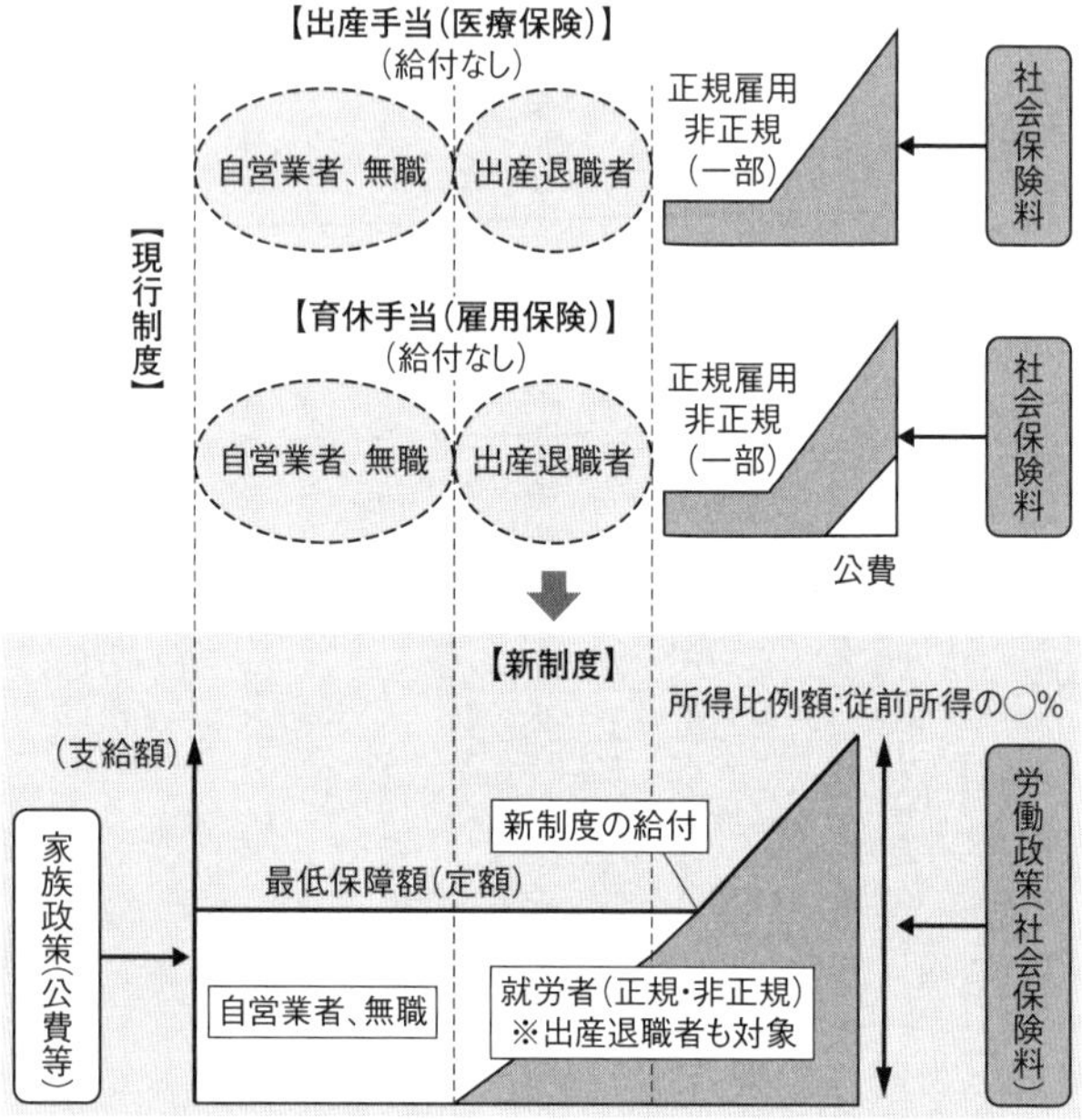

［出所］山崎（2021）、p.161、図2-18

いるように、出産を機に退職した者、自営業者や無職者は制度の対象外となってしまう。

酒井・竹沢（2020）によれば、日本の２０１８年度における育休給付の受給者は出生１００に対して母親29・1、父親1・6となっており、OECD平均における母親１１４・８、父親41・5に比べると大幅に低い受給率となっているという。

その理由として酒井・

竹沢（2020）は、次のように指摘する。育休給付の受給要件として雇用の継続が掲げられているが、いまなお出産を機に離職する女性が多く、就業継続は5割に留まるため受給権を喪失する女性が多い。さらに、受給権が正規雇用者と一部の有期雇用者に限定され、自営業者や無業者・学生には受給権が与えられない。

これでは、出産手当や育休制度、育休手当の恩恵が出産・子育てを行うすべての人々にはゆき渡らず、政策効果がきわめて限定的になってしまう。「普遍性」を理念に掲げる山崎提案はこうした事情から、スウェーデン、フランス、ドイツのように非正規雇用や自営業者、無職、学生、さらには養子縁組の親まで含めて出産・子育てに取り組むすべての人々を対象とする支援制度を構築すべきだ、と主張する。新育休制度では、正規か非正規か、社会保険に加入しているか否か、といった前提条件はすべて取り払うことが提案されている。

図1-4の下段が山崎提案である。ここに描かれた新制度の概念図を見ていただきたい。新制度の右側に濃く塗られた三角形部分がある。これは企業に雇用されている雇用者が正規であれ、非正規であれ、出産を機に退職した者であれ、出産・育児休暇を取得する際には、現在の所得か、あるいは退職直前に得ていた所得（従前所得）に対して比例的に、例えば8割水準で手当が支給されることを示している。現行制度と異なって、出産を機に退

職する人々も雇用保険による育休給付の対象となる点が、本提案のポイントである。

これは、労働政策の一環として実施され、育児によって一時的に職場を離れることで発生する逸失所得の一定割合を保障する、との論理に立って実施される。

では、自営業者や専業主婦など雇用保険に加入していない人々はどう取り扱えばよいのか。山崎提案では、「最低保障額」の支給が提案されている。さらに、保険加入者でも所得が低いために所得比例の保障では十分な水準の給付を受けられない人々には、最低保障額と所得比例支給のギャップに相当する支給を行う。

最低保障額の支給は図1－4の下段のうち、左側の白地に「自営業者、無職」と書かれている部分に相当する。その財源は、租税財源を含む公費が充てられる。こうすることで誰でも、雇用の有無や雇用形態にかかわらず、少なくとも最低保障水準の支給は受けることができる。こうした制度設計で初めて、日本の育休・時短制度が従来の社会保険の枠を超えて、普遍性を獲得することになる。この点が、山崎提案の中でもっとも優れていると筆者が考える点である。

次に、出産手当や育休手当を含む子育て支援政策の全体像と、それにともなって必要となる財源をどのように調達するのかを考えてみたい（**図1－5**）。

図1-5　「子ども保険」制度〈全体骨格（イメージ案）〉

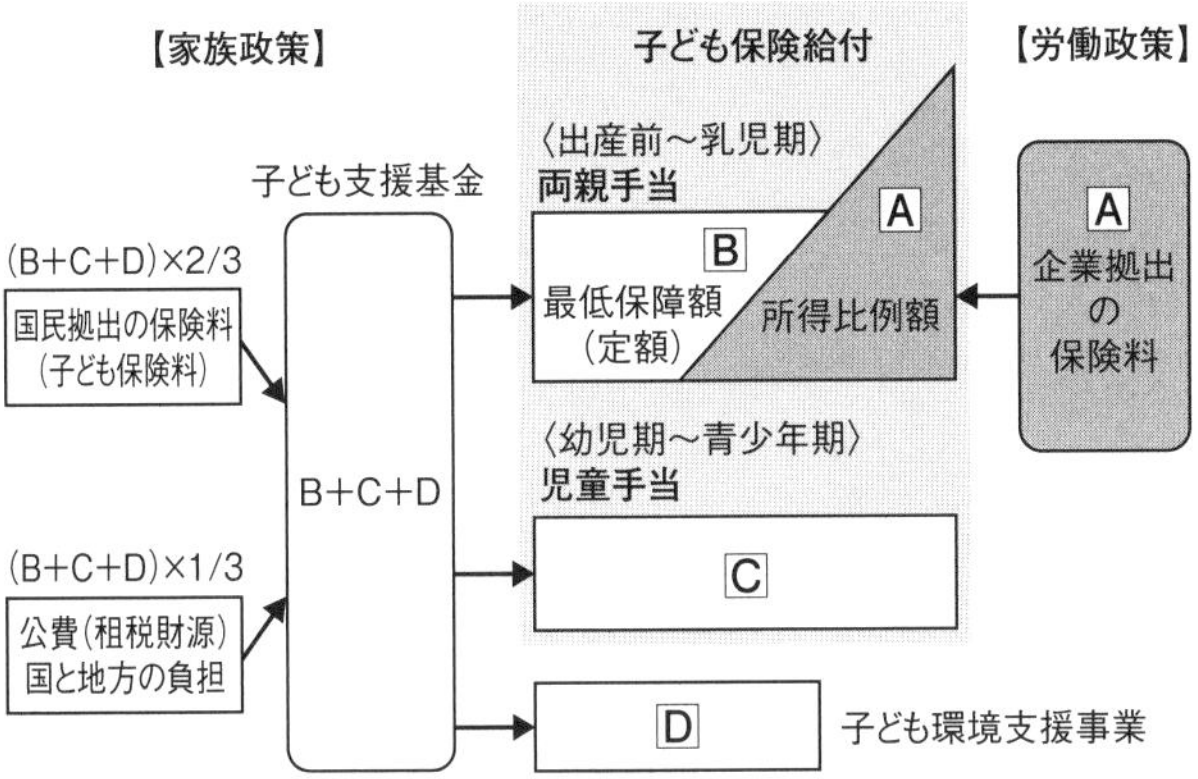

［出所］山崎（2021）、p.178、図3-1

この図の「子ども保険給付」は3つの部分からなっている。

第1は出産前から乳児期をカバーする「両親手当（出産手当＋育休手当）」のうち「所得比例額A」部分である。第2は同じく両親手当のうち「最低保障額B」部分である。これらの背景にある政策論理は、先の図1-4に基づいて確認したとおりである。第3は、幼児期から青少年期をカバーする「児童手当C」部分である。以上が出産・子育てに携わる個人に対する支援である。これに加えて地方自治体に対し、保育・幼児教育や児童虐待防止などの事業への財政的支援を行う「子ども環境支援事業D」の部分がある。

これらの「子ども支援金」を支える財源は

どうなっているのか。労働政策の一環として実施される「両親手当（所得比例額）A」は、企業拠出の保険料によって賄われる。これに対して、家族政策として実施される「最低保障額B」、「児童手当C」、そして「子ども環境支援事業D」は、「子ども支援基金」からの拠出で賄われることになっている。

では、「子ども支援金」の財源はどこから来るのか。これは、すべての成人が拠出する「（国民拠出の）子ども保険料」と「公費（租税財源）」が2対1の割合で負担しあう。前者の子ども保険料は、各人の健康保険料に上乗せして徴収する。公費は、国と地方で分担する。したがって「子ども保険」は、国民拠出の保険料、企業拠出の保険料、公費を負担する国と地方の費用負担により、社会が連帯して子育て支援を支えあう制度となる。

以上が、山崎提案の概略である。制度設計案から財源調達案に至るまで、高く掲げられた「普遍性」の理念が貫かれており、きわめて優れた政策提案になっていると言えよう。その多くは、実際に「プラン」に取り入れられている。「子ども保険」は「プラン」では「こども金庫（新特別会計）」という名称になっているが、制度設計はほぼ同じである。また、その財源として健康保険の徴収ルートが用いられる点も、山崎提案が踏襲されている。

他方、「プラン」が山崎提案と大きく異なっている点もある。それは、「最低保障額Ｂ」である。「プラン」からは、この部分が抜け落ちてしまっている。結果、「プラン」は原則的に、社会保険加入者に限定的な政策措置に留まっており、普遍性を兼ね備えた制度設計とはなっていない。

こうならざるをえなかった原因は、「財源の壁」にあったと考えられる。山崎氏が提案したように、制度の普遍性を担保するには公費（租税財源）の投入が不可欠だ。だが政府は、子育て支援のための増税の道を封じている（「プラン」では「消費税などこども・子育て関連予算充実のための財源確保を目的とした増税は行わない」と明記されている〈同 p.31〉）。

ただ、これでは企業の正規雇用者ではない人々の多くが、せっかく優れた内容を「プラン」がもつにもかかわらず、その支援対象外となってしまう。山崎氏は著書の中で、７割もの女性が現行の育休制度の対象外になってしまっていると厳しく指摘している（同書 p.131-136）。「プラン」は上記５にあるように、①保険適用の拡大、②育休期間中の保険料免除措置の創設、この２点を代替案として謳っている。②についてはすでに予算措置の検討が進み、２０２６年度に実現される予定だ。

①については、２０２８年度に実施を目指して検討が進められている。だが仮にそれが

実現しても現在、制度適用外にいる人々を完全にはカバーできないため、「最低保障額B」の完全な代替にはならない。

3 「加速化プラン」に欠けている視点

格差是正なくして少子化対策なし

「戦略」とその具体的な政策措置からなる「プラン」のエッセンスを検討してきた。これが内容面でも予算規模でも、これまでの少子化対策とは比較にならないくらい充実した、画期をなす政策であることは間違いない。政府の言う通り2030年までがラストチャンスであることを踏まえれば、速やかに法案が可決され、実施に移されるべきだろう。

にもかかわらず、少子化の要因になっている2つの大きな問題、つまり経済格差と男女格差の問題に「プラン」が正面から取り組むことができていないのは残念である。「プラン」はすでに結婚していて子どもをもっている人々や、これから子どもをもつと決めている人々への支援としては大変よい内容である。しかし上述のように、そもそも結婚に行き着けない人々や、結婚しても子どもをもつに至らない多くの人々がいる。彼・彼女らは依然として支援の対象外となるか、支援対象になるとしても不十分な支援しか受けられない。彼・彼女らの人生の見通しを向上させるような手が打たれない限り、「プラン」だけでは少子化傾向を大きく反転させることは難しいように思われる。

近年、出生率低下の真の原因は雇用形態の不安定性や、それと結びついた低所得と貧困にあるとの指摘が専門家から相次いでいる。かつては、学歴を積んだ女性が社会進出した結果、出産が先送りされて出生率の低下が起きている、との説明がなされてきた。だがその後、保育所の整備や育休制度の充実が進んだ結果、現在では高学歴女性とその他の女性との間で、子どもの数に差はなくなっているという。

東京財団主任研究員の坂元晴香氏によれば、とくに男性において、経済的な格差と婚姻との間に明確な相関関係がみられるという（坂元 2022）。つまり、年収が高いほど既婚者の割合は増える。正規雇用と非正規雇用で比較した場合には正規雇用の方が、また学歴で比較した場合には学歴が高いほど、既婚者の割合が増える。女性については、男性ほど明確に収入や学歴と婚姻・交際との関係は見られないが、U字型をした両極化の関係、つまり低所得者層では所得が低いほど既婚者の割合が高まる一方、高所得者層では所得水準が高いほど既婚者の割合が高まる結果になっているという。

坂元氏の調査結果は、こども家庭庁の資料によっても裏づけられる（**図１－６、図１－**

図1-6　男性の仕事上の地位や雇用形態と有配偶率の関係

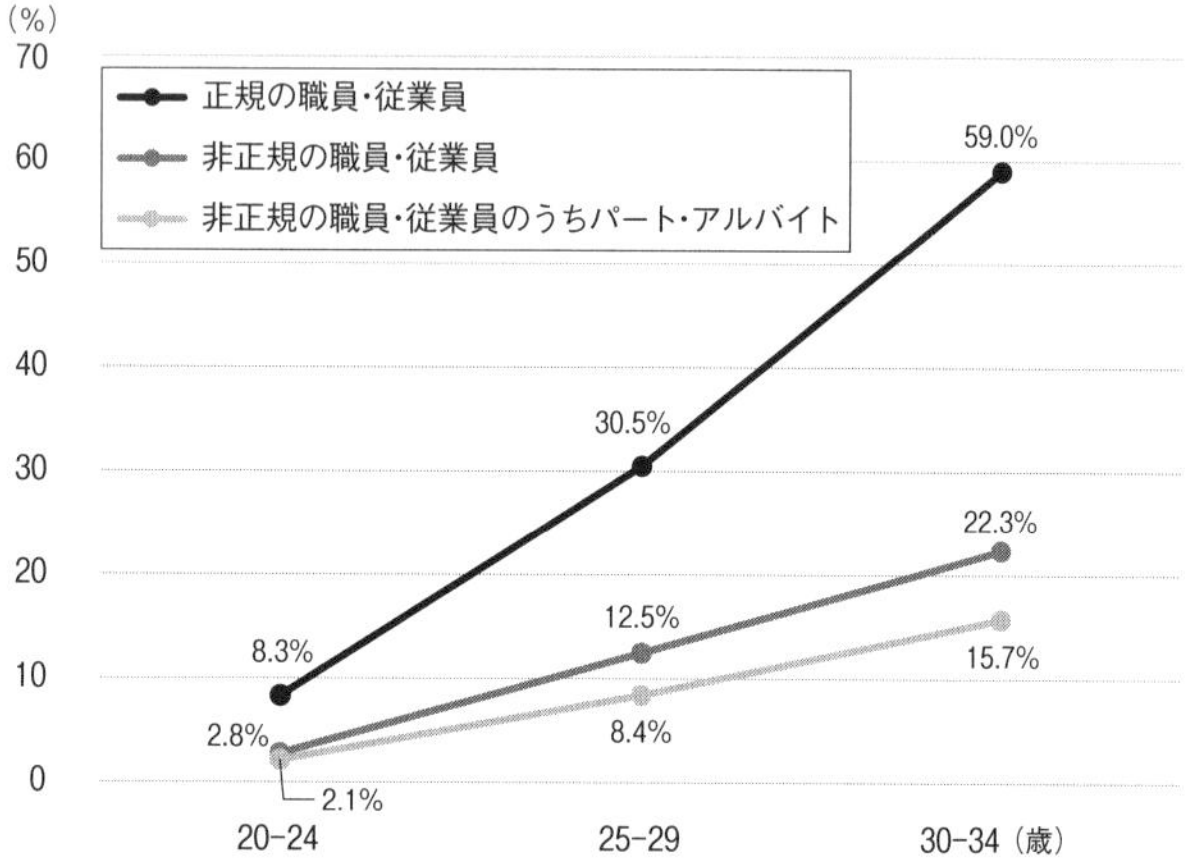

［出所］こども家庭庁（2023a）、p.11

7）。この調査ではまず、男性の仕事上の地位や雇用形態と有配偶率の関係を示している。明らかに正規労働者よりも非正規労働者の方が、有配偶率が低く、非正規労働者の有配偶率は正規労働者の3分の1ほどでしかない。続いて、男性の年収別でみた有配偶率も調査している。こちらも、各年齢層で年収が高くなるほど有配偶率が高い傾向が読み取れる。つまり、非正規雇用で低年収の男性は結婚するのが明らかに難しいのだ。

このことは、子どもの数にも影響する。日本は婚外子をもつことが少なく、子どもをもつには結婚することが前提となることが多い。そのため、有配偶率が低い

図1-7　男性の年収別有配偶率

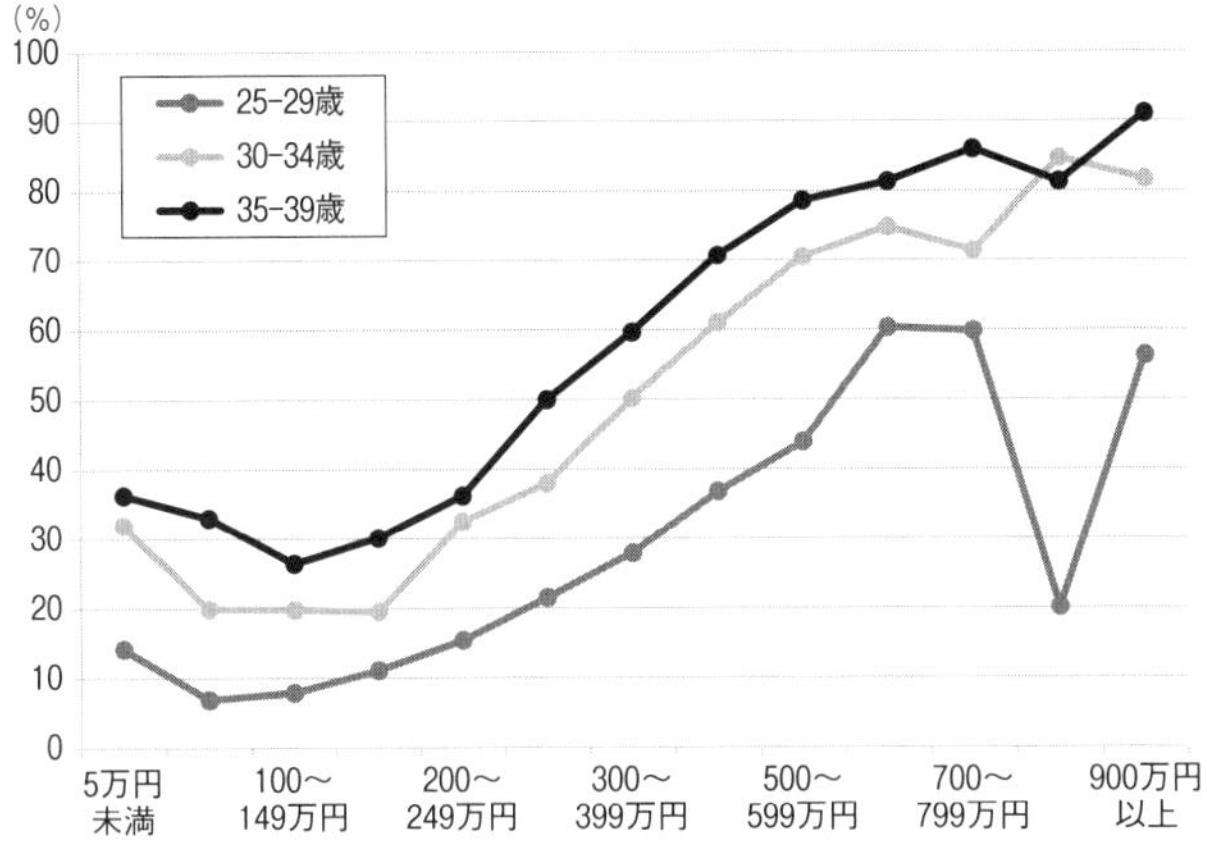

［出所］こども家庭庁（2023a）、p.11

と子どもをもつ可能性の低下に直結する。実際、坂元氏によれば格差と子どもの有無や数には相関関係がみられるという。つまり、男性で収入・学歴が高いほど子どもをもっている割合は高く、また3人以上の子どもをもっている割合も、収入・学歴と正の相関関係にあるという。

以上を裏返せば、低学歴や非正規雇用の人々は雇用が安定せず、賃金が上がらないために、結婚や出産を希望していてもそれを実現できず、諦めざるをえない状況に置かれていると推測される。経済格差は、少子化の大きな要因となっているのだ。

さらに、国立社会保障・人口問題研究

所の「第15回出生動向基本調査（2015年公表）」では、正規雇用の女性に比べてパート・アルバイト、派遣など非正規雇用の女性のほうが、希望子ども数が顕著に低いことが明らかになっている。また連合の調査では、初職が非正規雇用の人は、結婚・出産をする割合が明らかに低いという事実が示されているという（藤波 2023, p.108-113）。

国立社会保障・人口問題研究所による最新の「第16回出生動向基本調査（2021年公表）」によれば、結婚せず、子どもをもたないことを「理想」とする女性はわずか1割超だが、実際に結婚せず、子どもをもたないことになりそうだと「予想」する女性は33・3％と全体の3分の1にも達している。

コロナ禍の影響もあったと推測されるが、現実の厳しさから結婚や子育てをあきらめている女性が一定数いることがうかがわれる。こうした想いを抱いた女性の比率が、前回調査（2015年）の21・0％から今回の調査（2021年）で33・3％にまで急増したことに、少子化問題に関心をもつ関係者は一様に衝撃を受けている。

日本総研上席主任研究員の藤波匠氏はこの点に関して、次のように述べている。「少子化対策は、たんなる社会保障政策にとどまらず、経済・雇用環境の改善、さらには国民のジェンダーに対する意識の修正も必要であることから、少し給付金を増やせばすぐにでも効果が出るというものではないことは確かです。（中略）若い世代がこの日本で家族を持ち、子を生み、育てていくことに前向きになれない根本の理由を取り除いていくことを避けていては、本格的な少子化対策とはいえないでしょう」（藤波 2023, p.126）。筆者も、まったく同感である。

以上から言えるのは、経済格差の是正こそが最大の少子化対策になりうるということだ。実際、人口問題を取り扱った過去の経済学者らも、平等が人口問題と深く関わっていることを認識していた（野原 2022）。現代日本において、非正規労働者は雇用者の約４割も占めている。彼らの処遇を改善し、平等な社会に近づけるには同一労働同一賃金の徹底はもちろんのこと、最低賃金の引き上げ、公的な職業教育訓練の拡充などの手を打っていく必要がある。

この点を鋭く指摘しているのは、首相官邸に設置されている「こども未来戦略会議」の委員である櫻井彩乃氏（ＧＥＮＣＯＵＲＡＧＥ代表）である。少々長くなるが、第８回会議（２０２３年12月11日）における彼女の発言を引用しておこう。

（３人以上の子どもをもつ世帯が減少していることが少子化の主因の１つだとの指摘に対して）

むしろ、第1子の構成比率も低下が顕著であり、3人目を産まないことではなく、ゼロから1人が産まれないことが最大の日本の問題だと思います。そして、低所得者層が出産を諦め、中高所得者層に出産が偏る傾向があり、一生結婚するつもりのない未婚者層も、低所得かつ不安定な雇用が偏在しています。

また、生涯未婚率が若い世代に増加していると言われていますが、18歳から19歳でそういうふうに答えている若い人は10％程度にすぎません。多くの女性が社会に出て、特に非正規雇用の女性が結婚や出産に意欲を喪失している現状があると思います。

様々な障壁により結婚・出産を断念している人への配慮を必要とした上で、早期に非正規雇用者の若者の正規雇用化、そして、正規雇用者と同様に賃金上昇に期待が持てるキャリアパスへの誘導、できれば高等教育の無償化、そして、給付型の奨学金の充実、ジェンダーギャップの解消など、若い世代が抱えている不安を払拭する取組をぜひこども未来戦略により踏み込んで追記していただけたらなと思います。

だからこそ、この文脈において山崎提案の「最低保障額」が「プラン」から抜け落ちてしまったことは本当に残念だと思う。様々な公的支援の網の目から漏れている彼・彼女らにこそ、支援の焦点があてられるべきだろう。普遍主義に基づく「最低保障額」はこれまで支援から漏れ落ちていた自営業者や専業主婦にとって助けになるだけでなく、出産に際していったん企業を退職して子育てに専念し、その後、再就職を目指す女性にとっても助けになる。つまり、女性の多様なライフコースを保障する意義がある。

これに加えて「最低保障額」は、「子どもの貧困」を防ぐ意義もある。両親とも非正規雇用の家庭、あるいは離婚や死別、その他の理由により、母子家庭など片親家庭は所得水準が低く、子どもが貧困に陥る可能性がある。ブレア首相に率いられたイギリス労働党が政権に就いた時、内政上の最大の重点項目として「子どもの貧困撲滅」を掲げ、普遍主義的な給付付き税額控除を導入、貧困な子育て世帯に寛大な給付を行うことで一定の成果を収めることに成功した（諸富 2009）。山崎提案は、その先例を彷彿とさせるものがある。

最後に、税と社会保険料の関係についてコメントしておきたい。

それは、「普遍性」と「限定性」に関わる論点である。制度対象者の「限定性」は、どうしても社会保険に内在する特質である。職域単位で老齢、傷病といったリスクをシェアして備えることが社会保険の発生原理なので、当然ながら費用負担も給付も社会保険の加入者に限定される。この限定性は、給付の権利性を発生させ、費用負担と給付の対応関係が明確になるという強みをもつ。だがこれは反面、弱点に転化しうる（瀬野 2019）。社会保険制度の網の目から零《こぼ》れ落ちる人々は、社会保障の対象から排除されてしまうからだ。

社会保障が主として高齢者を対象としていた時代から、いま政府が進めているように若年世代や現役世代も含めた「全世代型」に移行する時代になりつつある。必ずしも職域単位の社会保険に加入しているわけではない人々が、社会保障の対象になるのだ。そうなると、上述の「最低保障額」をめぐる議論にみられるように、保険原理だけで対応することの難しさが顕在化してくる。

社会保障が全世代をカバーするためには、制度に「普遍性」が求められる。日本の社会保障制度の特質やこれまでの歴史的経緯を踏まえれば、現行の社会保険制度のインフラを活用することが現実的であり、基本戦略とすべきだろう。しかしながら、それが抱える「限定性」を克服し、すべての国民を包含する制度に向けて普遍化するには、やはり税財源の活用が必要になる。子育て支援は、この「普遍性」か「限定性」かの論点と財源調達方法をめぐる議論のテストケースとして相応しい。この点は改めて、第2章以下で論じることにしたい。

女性の希望が実現しないで少子化対策はない

出生率の低下に大きな影響を与えているにもかかわらず、「プラン」で十分に取り組まれていない問題として男女格差を挙げることができる。女性のキャリアと子育ての両立困難性が、少子化の背景要因になっていることは疑いがない。かつて、女性は出産すれば仕事を辞めて、育児に専念することが期待された。だがいまや女性はますます、生涯を通じて継続的に働こうと決意するようになっている。これは、政府統計にはっきり出ている。

国立社会保障・人口問題研究所の「第16回出生動向基本調査（2021年公表）」によれば、「女性の理想のライフコース」として調査を開始して以来初めて、子育てしながらキャリアを継続する「両立コース」が、出産でいったん退職し、子育て終了後に仕事に復帰する「再就職コース」を逆転して最多となった。

これは、子育て期間を含めてずっと働き続け、キャリアアップしていきたいという女性の明確な意思表示だ。他方で、女性は子どもをもつことを諦めているわけではない。結婚せず、子どもをもたない「非婚就業コース」を理想とする女性は前回調査よりも顕著に増えたとはいえ、1割超に過ぎない。9割近くの女性は、子どもをもちたいと希望している。

しかし結婚せず、子どもをもたない人生になりそうだと予想している女性になると、一転

図1-8　女性の理想・予想ライフコースおよび男性がパートナーに希望するライフコース

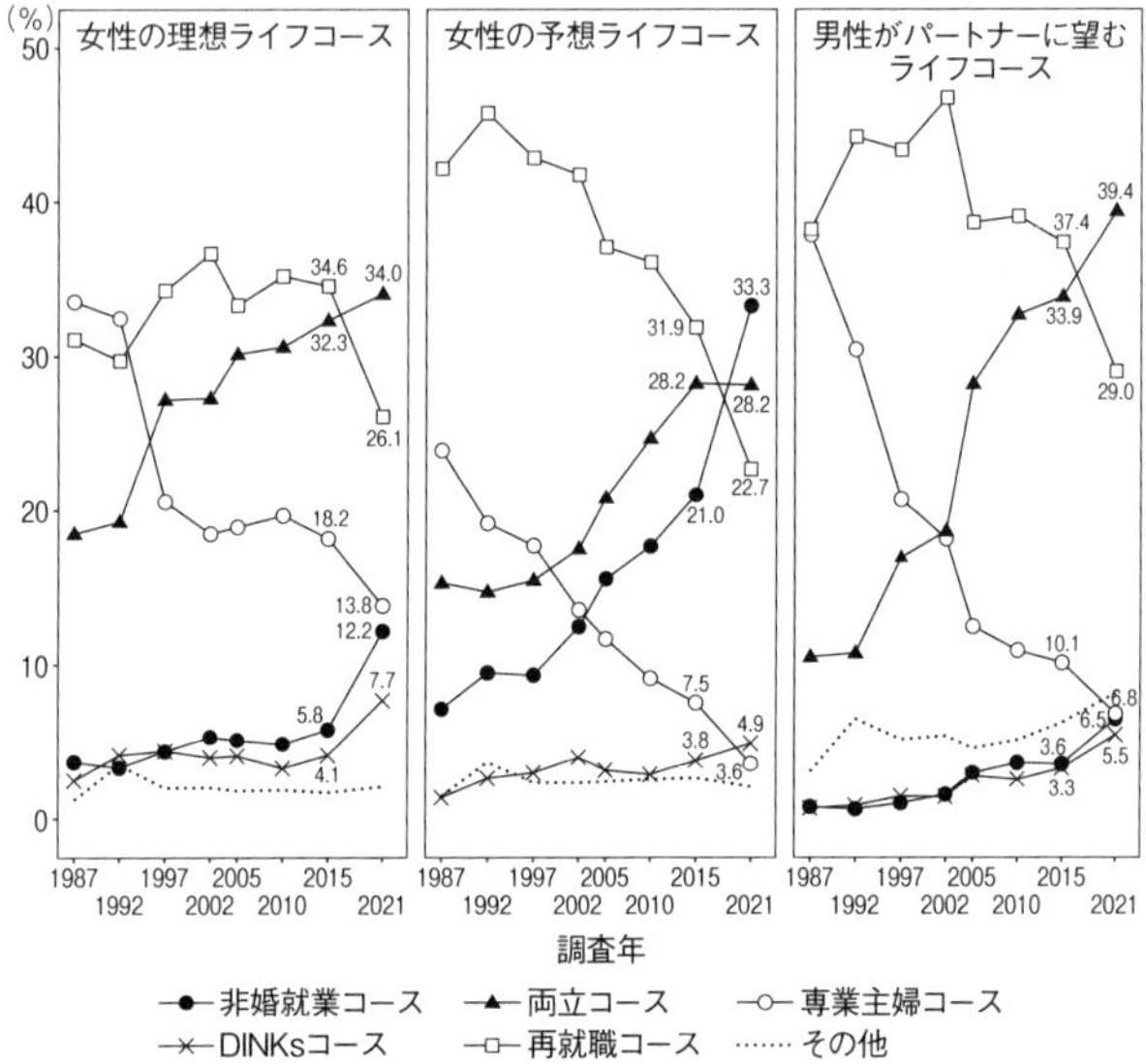

［出所］国立社会保障・人口問題研究所（2023b）、p.32、図表3-1

して21・0%から33・3%に跳ね上がっている（**図1-8**）。

この「理想」と「予想」のギャップは、女性が結婚して子どもをもち、仕事と家庭を両立させたいと願っているにもかかわらず、自らの就労状況や所得から、その願いは叶いそうにないと悲観していることを示している。

残念ながら、現代日本では依然として多くの女性がキャリアの追求と子育てとの間で引き裂かれそうになっている（その衝撃的かつ赤裸々な描写

図1-9　女性の年齢階級別正規雇用比率（2021年）

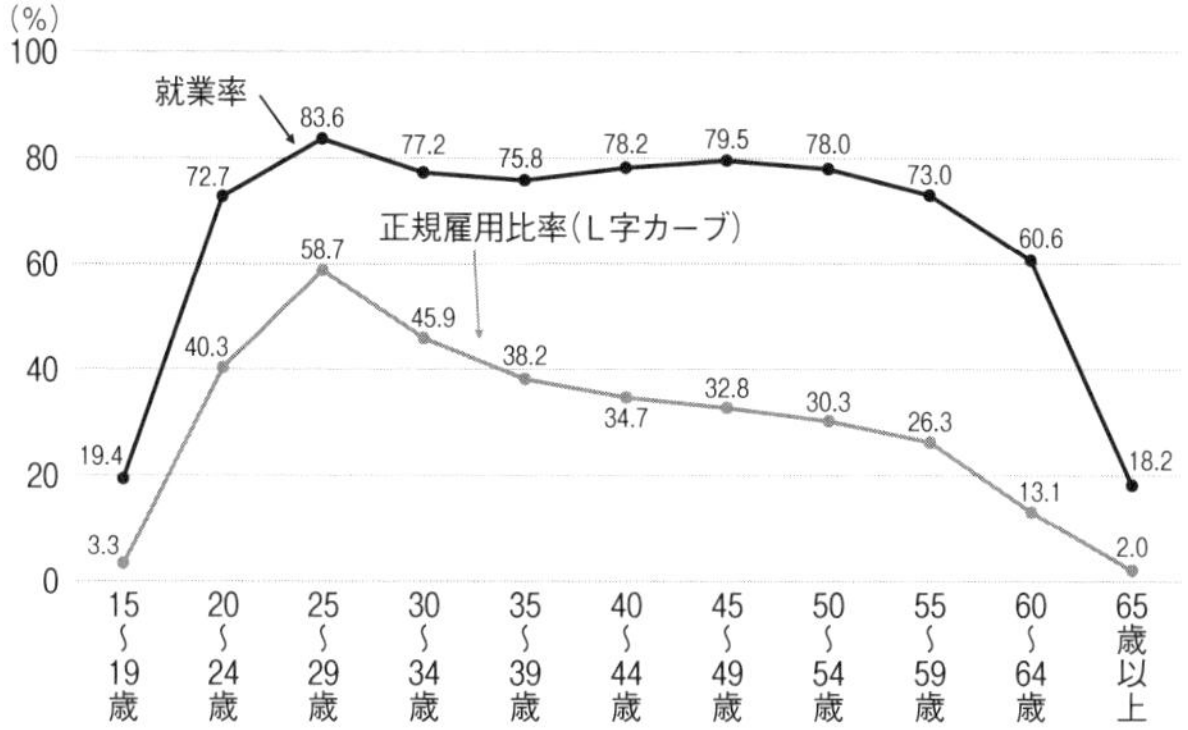

［出所］こども家庭庁（2023a）、p.16

として、前田・安藤 2023 がある）。しかも不公平なことに、これは女性だけが直面するトレードオフ関係だという現実がある。彼女たちは思い悩んだ末にキャリアを諦めるか、あるいは逆に子どもをもつことを諦めたり、第2子以降を断念したりせざるをえない状況に追い込まれている。

比較的恵まれた状況にあると考えられる大卒女性ですら、出産・子育てにともなっていったん退社し、子育て期間の終了後に再就職しようとするとキャリアが中断され、正社員として就職するのが困難になる。この結果、女性の正規雇用比率が最も高いのは25歳から29歳の時点であり、そこから年齢が上がるほど正規雇用比率が低下し続ける構造になっている（**図1-9**）。

　また、仕事に関するスキルや知識が失われるため、継続的な昇進や賃上げの恩恵を受けにくい。お茶の水女子大学教授の永瀬伸子氏らの分析によれば、日本の大卒女性の生涯賃金はこうした事情ゆえ、欧米のそれと比較して極端に低くなっているという（永瀬・ディアデン 2018）。逆に、キャリアを継続して第1子をもてた女性でも、キャリアと子育てのその後の両立は難しく、第2子をもつことを断念していることをデータから明らかにしている（永瀬 2018）。こうした状況が継続する限り、出生率の低下傾向が反転することは、望み薄と言わざるをえないのではないだろうか。

　日本よりも先に少子化が進行し、政策によってそれを反転させることに成功した北欧諸国は、まず「女性がキャリアを継続しつつ子育てができる社会」の構築で成果を上げた結果として、少子化対策でも成果を出した。私たちは、少子化対策におけるジェンダー平等の視点の重要性について、彼らから多くを学ぶことができるはずだ。

3　求められる格差解消とジェンダー平等の実現

政府の打ち出した子育て支援策は、たしかに従来に比べて子育て関連予算を倍増させ、これまで以上に包括的で体系的な政策を打ち出そうとしている点で、２０００年代以降の日本の少子化対策に１つの画期をなすことは間違いない。だが、子育て世帯への現金給付さえ行えば少子化問題は解決するかというと、楽観視はできない。その理由は前節で述べてきたとおりである。

「戦略」で打ち出された政策は、すでに子どもをもっているか、あるいは子どもをもつと決めている若者にとっては助けになるが、子どもをもつことを躊躇、さらには断念している若い男女の背中を押す政策にはならない。遠回りのようだが格差を解消し、女性が子育てを行いつつキャリアを全うできる社会をつくること、これが少子化対策の成功への近道になる。この点は、福祉国家研究の大家であるエスピン＝アンデルセン氏がその著作の全編を通じて論証しようとしている点でもある（エスピン＝アンデルセン 2022）。

ここで、１９７０年から２０２１年の主要ＯＥＣＤ諸国における合計特殊出生率（以下、「出生率」と略す）の推移を示したい（**図１-10**）。２０００年以降、出生率が１・５から２・０の比較的高いグループと１・５未満の比較的低いグループに分かれているように見えている点に注目していただきたい。

図1-10　OECD主要国における合計特殊出生率の推移（1970〜2021年）

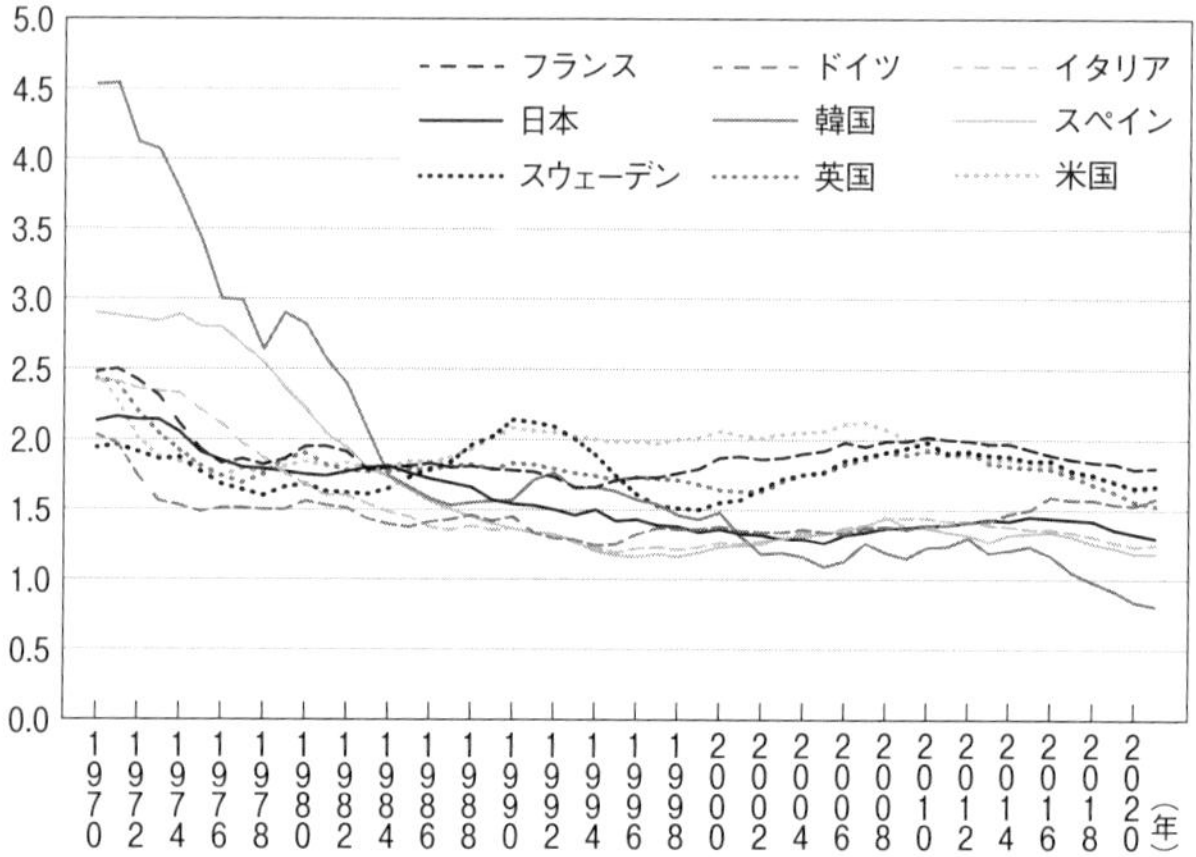

［出所］OECD Data "Fertility Rates"（https://data.oecd.org/pop/fertility-rates.htm）のデータを用いて筆者作成

前者に属するのはフランス、スウェーデン、英国、米国である。後者に属するのはドイツ、イタリア、日本、韓国、スペインである。後者は、どちらかといえば保守的な家庭観を維持し、伝統的な男女役割分担の規範意識が強い国々であるようにみえる。

もっとも、世界経済フォーラムが発表した最新の2023年版ジェンダーギャップ指数によれば、スウェーデン5位、ドイツ6位、イギリス15位、スペイン18位、フランス40位、アメリカ43位、イタリア79位、韓国105位、日本125位となっているから、出生率とジェンダーギャップ指数の間にきれいな相関があるわけではない。しかし、後者に属するイタリア、韓国、日本がいずれも、ジェンダーギャップ指数で下位に沈んでいるのは示唆的である。

もう１点、注目すべきは後者に属していたドイツが近年、出生率が上昇したために抜け出し、２０２０年には前者のグループに移ったように見えることである。これは、もともとジェンダーギャップ指数が６位と上位であることに加え、近年、スウェーデンをモデルとして少子化対策に取り組んできた成果が表れた結果だとの見方もある（山崎 2021, p.63-70）。

いずれにせよ、格差解消とジェンダー平等の実現は長年、日本経済の構造問題とされ、解決を迫られてきた課題に他ならない。これらの課題に取り組むことは、日本社会の多様性と公平性をより確固たるものとし、女性や非正規雇用の人々のより積極的な社会への参加を促すことで、日本経済を新しい発展のステージに導くことになるだろう。そしてそれが結局は、少子化問題の改善につながっていくのだ。

第2章　社会保障システムとその費用負担

——社会保険料と租税の混合システム

1　社会保障の財政規模とその日本的特徴

子育て支援を含めた日本の社会保障関係費は、「はじめに」で確認したとおり、いまや日本財政における最大の支出項目である。本章では、社会保障全般（年金、医療、介護）を見渡しつつ、その費用負担のあり方、その背後にある考え方がどうなっているのかを明らかにしていく。

社会保障を支える税と社会保険料がそれぞれ、どのような論理で徴収されているのか、両者の関係はどうあるべきかといった論点も含まれる。日本の社会保障制度とその費用負担の仕組みについての概略、その主要ポイントを摑んでいただけると思う。

本節では、主要国との国際比較を通じて日本の社会保障の財政規模とその日本的特徴を確認したい。まずは、国立社会保障・人口問題研究所（2022）に掲載された国際比較可能なOECDの「社会支出」統計を確認することで、日本の社会保障関係支出の規模やその特徴を確認する。

なお、OECDの「社会支出」は以下①から⑨の9つの政策分野に分類され、具体的には下記の支出項目を含んでいる。日本の分類と異なっているので分かりにくいが、「↓」で日本ではどういう支出項目に該当するかを例示しておいた。

①「高齢」：退職によって労働市場から引退した人に提供されるすべての給付が対象
→介護保険に関する諸費用、厚生年金、国民年金などの給付

②「遺族」：保護対象者の死亡により生じる給付が対象
→各種年金の遺族年金、埋葬料など

③「障害・業務災害・傷病」：部分的または完全に就労不能な障害により保護対象者に支払われる給付、および保護対象者の業務上の災害、病気、障害、死亡に対する労働災害補償制度から支払われる給付が対象
→障害年金、障害手当金、障害保健福祉費、公立障害者施設、医療給付（業務災害）、年金給付（業務災害）、労働者災害補償保険、障害給付（公務上）、遺族給付（公務上）など

④「保健」：病気、傷害による保護対象者の健康状態を維持、回復、改善する目的で提供される給付が対象（傷病で休職中の所得保障を含む）

→各種健康保険組合の療養給付、傷病手当金、短期（医療）給付、休業給付など

⑤「家族」：子どもその他の被扶養者がいる家族（世帯）を支援するために提供される給付が対象

→出産手当金、育児休業給付、介護休業給付、児童手当（子ども手当）、地域子ども・子育て支援事業費、公立保育所（地方単独事業分）、就学援助・就学前教育など

⑥「積極的労働市場政策」：社会的な支出で労働者の働く機会を提供したり、能力を高めたりするための支出が対象。障害をもつ勤労者の雇用促進を含む

→職業紹介事業、地域雇用機会創出、高齢者等雇用安定・促進、職業能力開発強化、就職支援事業、教育訓練給付など

⑦「失業」：失業した保護対象者に提供される給付が対象

→求職者給付、雇用継続給付、雇用安定等給付金、高齢者等雇用安定・促進費など

⑧「住宅」：住居費の援助目的で提供される給付

→住宅扶助、住宅対策諸費など

⑨「他の政策分野」：上記に含まれない社会的給付

→生活保護に関する給付や災害給付など

図2-1　社会支出の国際比較（2019年度）

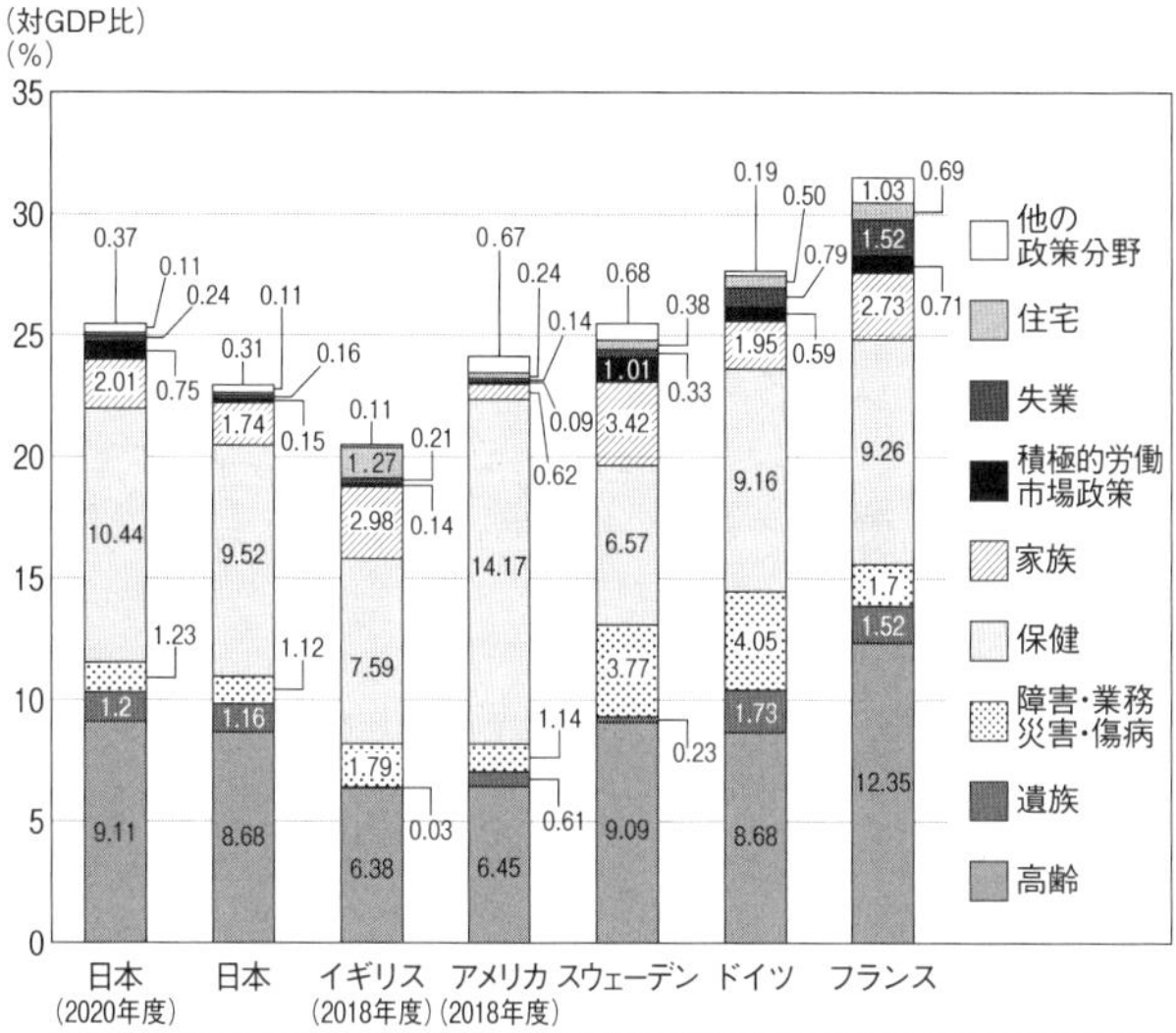

	日本 （2020年度）	日本	イギリス （2018年度）	アメリカ （2018年度）	スウェーデン	ドイツ	フランス
社会支出 対GDP比(%)	25.46	22.95	20.51	24.13	25.47	27.63	31.51

凡例：他の政策分野／住宅／失業／積極的労働市場政策／家族／保健／障害・業務災害・傷病／遺族／高齢

［出所］国立社会保障・人口問題研究所（2022）、p.8、図3

ここで主要先進国の国際比較をしてみたい（図2-1）。社会支出を対GDP比で示したこの図を見ると、日本の社会支出はイギリスよりも高いGDPの約22・95％に達しているが、他の欧州諸国と比べると依然として低い。

ここから読み取れる日本の特徴は、「高齢」と「保健」の2つの領域で社会支出の大半（約8割）を占めている点にある。つまり年

図2-2　家族関係社会支出の対GDP比の推移

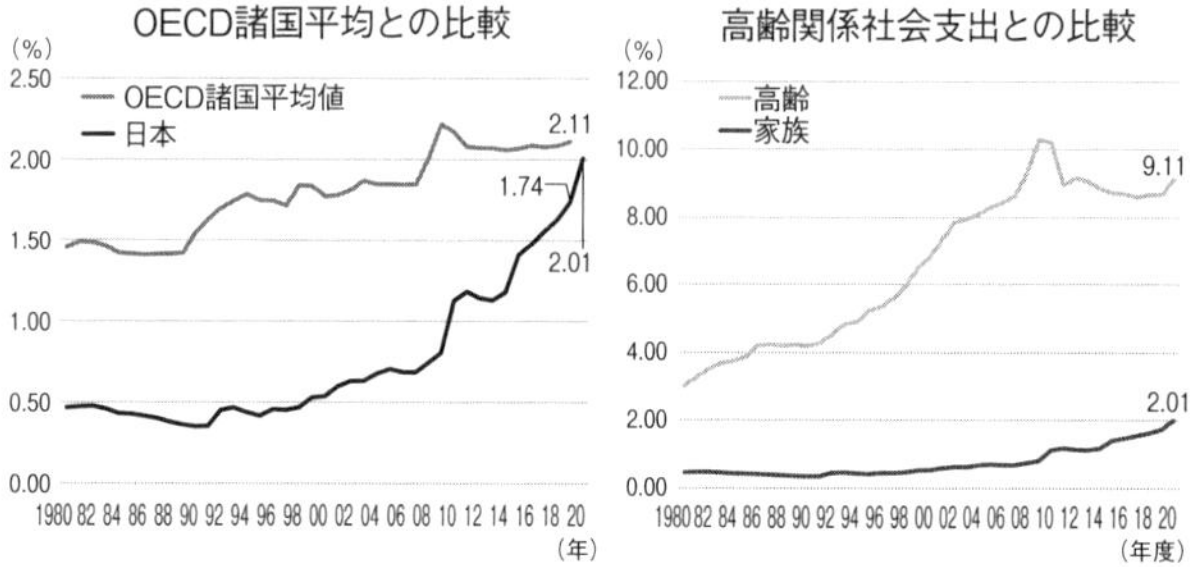

［出所］こども家庭庁（2023a）、p. 5

金、医療、そして介護で社会支出のほとんどを占め、それら以外の支出が小さいことを意味している。

これに対して、欧州諸国は「障害・業務災害・傷病」、「家族」、「積極的労働市場政策」、「失業」、そして「住宅」など、「高齢」と「保健」以外の分野に対しても、それなりの厚みをもった支出を行い、若年世代や現役世代に対する支援に取り組んでいることが読み取れる。

日本の社会保障関連の経費の多くは高齢者への給付で占められるアンバランスな状況であることは、よく知られるようになってきた。他方で、少子化が急速に進み、出産・子育てへの支援ニーズが高まっていることも広く認識されるようになった。

民主党政権下で「子ども手当」が導入された2010年以降、おもに若年・現役世代に対する家族関係の

図2-3　社会保障財源の推移

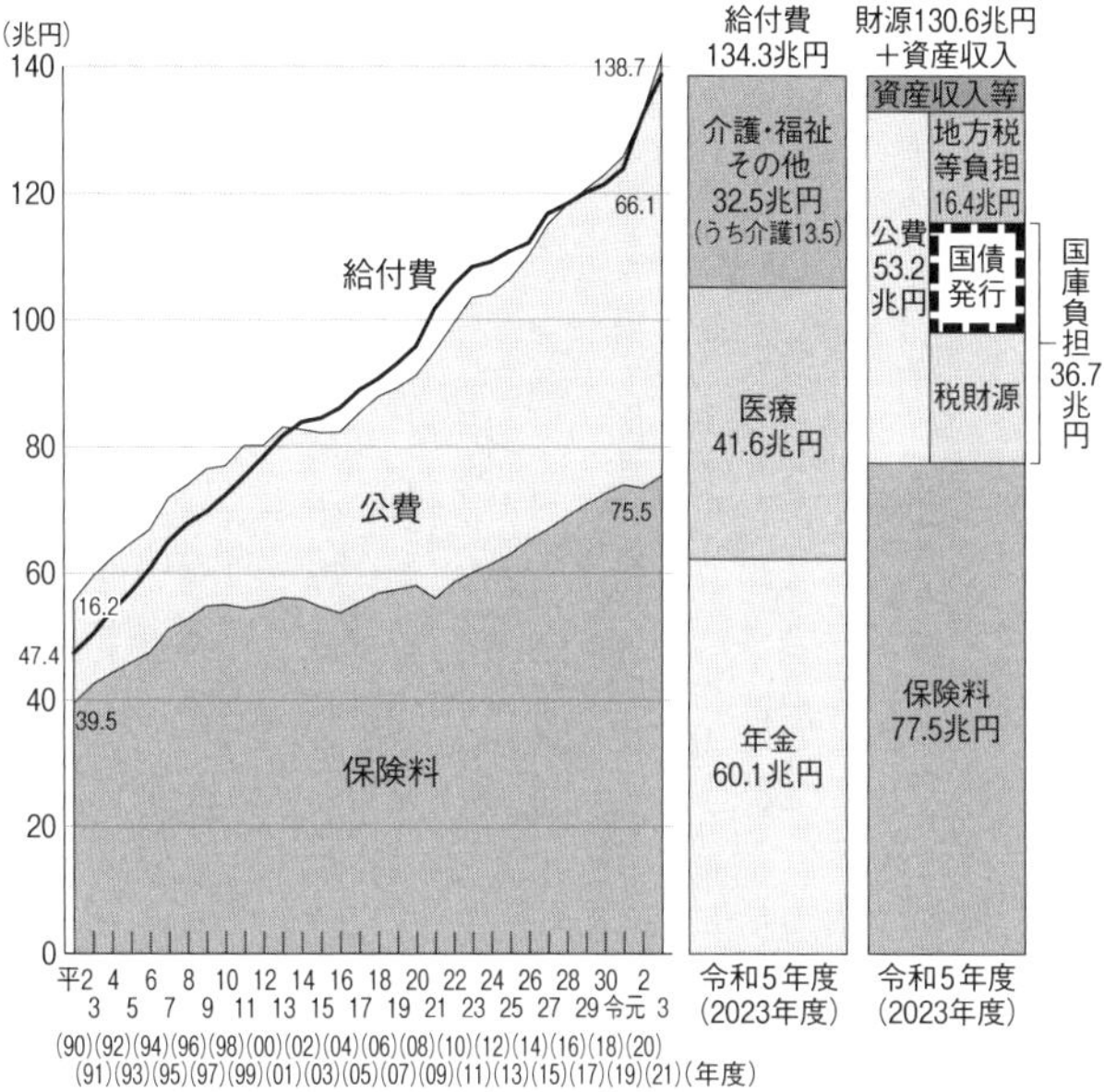

［出所］財務省（2023a）、p.27

社会支出は急速に増加、ようやく近年、日本はOECD諸国の平均値に追いついた。だが高齢関係の社会支出はそれ以上に伸びており、緩やかな上昇に留まっている家族関係の社会支出とのギャップは、むしろ拡大している（図2-2）。

では、これらの社会支出を支えている財源をみてみよう（図2-3）。財源は大きく分けて、「租税（公費）」と「社会保険料」からなっている。年々、社会支出の増加にともなって、年金などの給付費も増加の一途をたどってきた。なお、この図の右側には「公費」の中身も示されている。租税財源（国税収入）ももちろん含まれているが、それに加えて地方税収入、そして国債発行によって調達した財源が投入されていることが分かる。

日本は社会保険が中心の社会保障システムなので、当然のことながら過半の財源は社会保険料の負担で占められてきた。しかし、社会保障の財源総額に占める保険料収入の比率は、時間の推移とともに低下する傾向にある。

１９９０年度の時点では、社会保障財源のうち公費比率は約25％を占めていたが、２０２０年度の時点では、同比率は約32％に上昇している。これとは対照的に、社会保険料収入は社会保障財源のうち約60％を１９９０年度に占めていたが、２０２０年時点で同比率は約40％にまで低下している（国立社会保障・人口問題研究所 2023c, p.35、第14表）。

このように、中長期的には社会保障財源における保険料の位置づけが相対的に低下し、公費の位置づけが相対的に高まる傾向にある。

2　福祉国家モデルと費用負担制度

1　福祉国家モデルの3類型

次に、社会保障を支える費用負担のあり方を議論することにしたい。社会保障財源が税と社会保険から成り立っていることは上述した通りだが、それらは実際にどのように役割分担しているのか、そのような役割分担になっている根拠は何か、といった論点を取り扱うのが本節の目的である。

その際に「福祉国家モデル」を導入し、各国の社会保障制度を大まかに３つのモデルに分類し、モデルごとに費用負担のあり方を整理すると理解しやすくなる。

まずは、京都大学教授の広井良典氏による広く読まれた著作『日本の社会保障』で展開された整理に依拠し、以下の議論を進めることにしたい（広井 1999）。この著作は30年近く前に出版されたが、福祉国家モデルの整理、日本の社会保障制度の発展経緯、モデル比較による日本の社会保障制度の特質の抽出、という点で類書を寄せ付けない説得的な議論を展開しており、現在もなお十分に通用する。

広井氏の議論の重要なポイントは次の2点である。第1は、当初こそ日本の社会保障制度は「社会保険モデル」（後述）として出発したが、制度発展の過程で制度の枠外に置かれた人々を制度に取り込み、「普遍主義モデル」（後述）へ接近したという点である。社会保障制度が、全国民を分け隔てなく支えることを目指して制度を発展させた日本の軌跡は、国際的にみても高く評価されるべきである。

そして第2は、普遍主義へと展開する際に、社会保険料に加えて租税財源が投入され、費用負担制度としては両者の混合システムになったという指摘である。これは「折衷主義」、「複雑な制度」とネガティブに評価されることもあるが、社会保険を中心としつつも税財源を投入することで普遍主義的な制度に発展させることができたのであれば、その意義はきわめて大きいと言わねばならない。

以下では、広井氏の議論によりつつ、詳細に検討することにしたい。まずは、すべての議論の出発点として福祉国家を類型化した（**表2-1**）。ここで挙げられている福祉国家モデルは、3類型に整理できる。

第1は、北欧諸国やイギリスなどで採用されている「普遍主義モデル」で、これはすべ

表2-1　福祉国家モデルの分類

モデル	特徴	例
普遍主義モデル	・租税中心 ・全国民対象 ・平等志向	北欧（スウェーデンなど） イギリス〔→市場重視モデルに接近〕
社会保険モデル	・社会保険中心 ・職域（被雇用者）がベース ・所得比例的な給付	ドイツ、フランス
市場重視モデル	・民間保険中心 ・最低限の国家介入 ・自立自助やボランティア	アメリカ

［出所］広井（1999）、p.18

ての国民を対象にサービスを提供する。その財源は強制性をもつ租税に求める、きわめて平等志向的なモデルである。

第２は、ドイツやフランスで採用されている「社会保険モデル」である。これは職域ごとに被雇用者が組合を設立し、疾病、失業、老齢などの様々なリスクに共同で対処する仕組みである。その財源は被雇用者側と雇用者側が折半で拠出する社会保険料が充てられる。

第３は、アメリカで採用されている「市場重視モデル」である。これは、政府が社会保障の公的な枠組みをつくるのではなく、国民が自分で民間企業の提供する年金保険や健康保険を購入し、様々なリスクに対処するというきわめて市場志向的な仕組みである。

これら３つの類型のうち、「普遍主義モデル」から「市場重視モデル」へと移行するにつれて、社会保障を市場に委ねる度合いが大きくなる。逆に「市場重視モデル」から「普遍主義モデル」へ移行するほど、公的な介入の度合いが大きくなり、「平等」や所得再分配への志向が強くなる。

「普遍主義モデル」と「社会保険モデル」は、社会保障を市場に任せず、政府が一定の役割を果たす点で共通している。だが大きな違いもある。例えば、「社会保険モデル」の年金制度は基本的に「所得（報酬）比例型」の構造をとり、高所得者ほど高い保険料を現役時代に負担し、その見返りとして退職後、高い年金を受け取るという仕組みだ。また多くの場合、制度対象者は全国民ではなく、社会保険加入者に限られている。

これに対して「普遍主義モデル」は、「均一給付、全国民対象」という考えが基本にある。年金制度でいえば、国民全員が加入し均一の給付を受けるという「基礎年金」の発想がそれに該当する。また、その財源も保険料ではなく租税を充てる。

2　日本の社会保障の特徴

広井氏は、日本の社会保障は以下のような特徴をもっていると指摘する。

1、当初はドイツ型の社会保険システムとして出発したが、次第に普遍主義に移行。
2、健康保険がまず整備され、年金が遅れて続き、その後、急速に膨らむという経過。
3、他の先進国に比べ、非サラリーマン・グループ（農林水産業従事者、自営業者）が相対的に多い産業構造のなか、彼らを制度に積極的に取り込んだ。

ここでいうドイツ型の「社会保険モデル」とは、「職域を中心として、所得比例的な給付構造（特に年金）を取り、保険料を主財源とする社会保障システム」と特徴づけられる。このモデルは基本的に、第２次・第３次産業に属する民間企業と国家・地方公務員のサラリーマン（サラリーマン・グループ）を中心に組み立てられている。

第１次産業従事者や自営業者（非サラリーマン・グループ）については、給付が相対的に薄いか、そもそも加入が強制されないという特徴がある。実際、ドイツの健康保険制度では自営業者や高所得者等は任意加入となっている。また年金でも、サラリーマンの妻（専業主婦）には加入権がない。

これに対し、社会保障の「普遍主義モデル」は基本的に、「全国民対象、均一給付、租税財源」という特徴をもち、その限りでサラリーマン・グループと非サラリーマン・グループの間に本質的な違いはない。

広井氏によれば、日本の社会保障が「社会保険システム」から「普遍主義システム」に移行したのは、次の2段階で説明できるという。

第1段階は、第2次世界大戦中に実質的に基礎が敷かれ、戦後の混乱期を経て1961年に一応の完成をみた医療における「国民皆保険」の成立である。

第2段階は、「1985年における基礎年金制度の導入」と、「1982年における老人保健制度の創設」である。以下ではこのうち、第2段階について詳しくみることにしたい。

3 「社会保険モデル」から「普遍主義モデル」へ

年金の場合〜「基礎年金」の創設

非サラリーマン・グループを対象とする拠出制の「国民年金」制度が1961年に発足したことで、サラリーマン・グループの年金制度と併せて、初めて「国民皆年金体制」が整った。これは、画期的な第1歩（第1段階）であった。

ところが、この制度には2つの問題があった。第1は、専業主婦が独自の年金権をもたないため、離婚した場合等に不利な状況に置かれてしまうこと、第2は、産業構造の転換により自営業者が減少し、国民年金の保険料を負担する担い手が減少したこと、したがって国民保険財政が厳しくなったことであった。

これらの問題を解決するために第2段階として、国民年金、厚生年金（民間企業従業員）、そして共済年金（国家・地方公務員）の区別を取り払い、国民すべてに共通の基礎的な年金制度へと国民年金を衣替えさせ、さらに専業主婦にも年金受給権を与えた。こうして1985年の法改正で、すべての国民に共通する「基礎年金制度」が創設された。

広井氏の解釈が興味深いのは、彼が1985年の基礎年金制度の導入でもって、日本の年金制度が「社会保険システム」から乖離し、「普遍主義システム」に向けて動いた画期と位置づけている点だ。実際、「基礎年金」という発想はドイツには見られず、むしろそれは、普遍主義的な社会保障モデルの国々（イギリス・北欧など）に特徴的な制度だという。

さらに広井氏は、年金制度を「普遍主義モデル」と「社会保険モデル」に分けて、その特徴を分かりやすく示した（**表2－2**）。

この表の左側は、「普遍主義モデル」の年金制度の特徴を示している。その基本原理は、国民の税負担に基づいて高齢者すべてに、一定以上の生活を国家が保障するというものである。他方、右側には「社会保険モデル」における年金制度の特徴が示されている。これ

表2-2　福祉国家モデルの分類

	普遍主義モデル	社会保険モデル
対象	居住者すべて	被雇用者
給付設計	定額給付	報酬比例給付
財源	税	保険料
ルーツ	イギリスなど	ドイツなど
基本的機能	所得再分配 “老人の生活保障”	貯蓄／保険 “退職金の延長”
イメージ		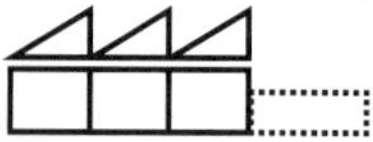

［出所］広井（1999）、p.44、表2-1

［注］図中の「イメージ」における着色部分は、公費（租税）財源、白色部分は保険料収入で賄われていることを示す

は、被雇用者（＝社会保険加入者）中心に制度がつくられ、基本的に「所得に応じて保険料を支払い、支払った保険料に応じて年金給付を受ける」という仕組みをとる。

言い換えれば、前者の年金制度は基本的に「所得再分配」なのに対し、後者は「貯蓄／保険」としての特徴をもっている。

「普遍主義」、「社会保険」の両モデルを「理念型」とすると、日本の年金制度はこの両モデルの複合モデルだということになる。つまり、「普遍主義的モデル」（均一給付の基礎年金＝1階部分）の上に「ドイツ型社会保険モデル」（職域中心の報酬比例年金＝2階部分）を載せた、複合的な制度である。しかも財源面でも、基礎年金部分は「2分の1が税、2分の1が保険料」となっており、

国家が国民皆年金を財源面で支える普遍主義的な色彩の濃い仕組みとなっている。

健康保険の場合～「老人保健制度」(「後期高齢者医療制度」)の創設

健康保険の場合、「社会保険モデル」から「普遍主義的モデル」への移行という点で第2段階目の画期をなすのは、1982年に創設された「老人保健制度」(現行の「後期高齢者医療制度」)である。この「老人保健制度」の導入によって、健康保険組合等の各保険者が「老人保健拠出金」と呼ばれる拠出金を負担し、老人の医療費を共同で支える財政調整の仕組みが初めて導入された。

この制度は実質的に、サラリーマン・グループの健康保険組合が、老人の割合が大きい自営業・第1次産業従事者の国民保険(以下、「国保」と略す)を支援する仕組みとなっていた。なぜ、グループ間の支援スキームを創る必要があったのか。

サラリーマン・グループの場合、現役時代は勤め先を通じて健康保険組合に加入する。しかし退職後、彼らは職場単位の健康保険組合を抜け、居住地の市町村の国保に移る。結果として、職場単位の健康保険組合は若くて所得が高く、健康な被雇用者が加入するが、定年後に収入が減って病気がちになると国保に移るため、医療費は国保が負担することに

図2-4　健康保険と費用負担の仕組み（概念図）

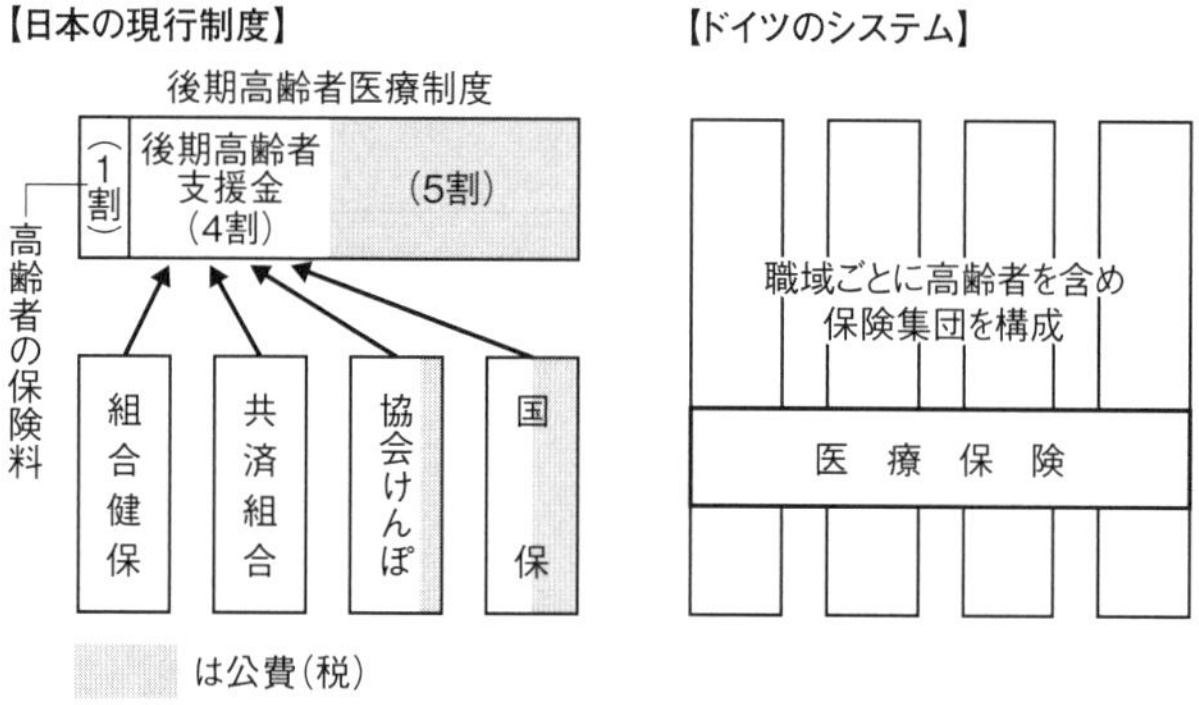

［出所］広井（1999）、p.46、図2-1を筆者加筆修正

なる。

国保は当初こそ、農業従事者など第1次産業従事者や商店主など自営業者のための健康保険制度だったが、時間の経過とともに高齢者のための健康保険制度としての色彩が強まった。これでは明らかに、グループ間で条件の公平性が保てなくなる。そこで、サラリーマン・グループと非サラリーマン・グループが高齢者の医療費を共同して支える仕組みを創出した。それが「老人保健制度」（現在の「後期高齢者医療制度」）」である。

このことを日本とドイツを比較した概念図で示した（**図2-4**）。この図の左側の**【日本の現行制度】**に示されているように、「後期高齢者医療制度」は医療費財源の50％を公費負担

（着色部分）としている。残る50％は、組合健保、共済組合、協会けんぽ、そして国保の各健康保険組合からの「支援金」拠出が40％、後期高齢者自身が負担する保険料が10％を賄う。また、後期高齢者医療制度の財源の50％だけでなく、国保にも50％、協会けんぽにも16・４％の公費投入がなされていることを示している。

これは純粋な社会保険モデルからの逸脱だが、条件の異なる保険グループに分立したまま皆保険を達成し、給付条件を改善することを可能にした側面もある。

組合構成員の平均年齢が若く、健康で、所得が高い割には医療費の少ない組合健保や共済組合には、公費は投入されていない。これに対して高齢者が多いために医療費支出が多く、所得は低く、しかも保険料を折半して負担してくれる事業者もいない、つまり最も条件の悪い市町村の国保などに対して、それぞれの条件に応じた公費の投入がなされている。

こうした公費投入の結果として、国民はどのグループに属していても、各グループの１世帯あたり平均でみると、ほぼ同一の保険料負担で同一水準の医療サービスを享受できる環境が整備されたことになる。

日本はたしかに社会保険をベースとした健康保険制度だが、実際には、１国保と協会けんぽの一部を公費で支えている点、２後期高齢者医療制度の財政を各グループが共同で支え、さらに50%分は公費を投入している点、この2点において【ドイツのシステム】とは大きく異なっている。

ドイツでは高齢者のみを独立に取り出して、その医療費を国民共同で負担する仕組みはないという。ドイツの特徴は、職域ごとに高齢者を含めた保険集団が形成され、純粋に保険料収入のみに基づいて保険集団の運営が行われている点にある。そこに公費は投入されない。ドイツは、本来の「社会保険モデル」により忠実な仕組みだと言えよう。

3 日本の社会保障制度と費用負担原理

1 「社会保険モデル」の基本的特徴

広井氏の議論に基づきながら日本の社会保障制度の特徴を、その費用負担制度と関連させながら検討してきた。以上を踏まえ、日本の社会保障制度を規定する「費用負担原理」を抽出すれば、次のようになるだろう。

日本の社会保障制度は年金、医療とも、基本は職域ごとの社会保険方式を採用している（介護保険は市町村単位）。純粋なドイツ型の社会保険モデルであれば、給付財源の全額を社会保険料収入で賄い、保険料は通常、雇用者と被雇用者が折半して負担する。日本も、基本的にはこのモデルを引き継いでいる。

こうした純粋な社会保険方式の特徴は、次の2点である。第1に、疾病や加齢にともなうリスクは職域集団で共同化することになる。給付費総額は社会保険収入の総額に等しくなるので、職域集団全体としては受益と費用負担が見合う。保険加入者が保険料という形で費用負担を負うのは、保険がリスクをカバーし、疾病や加齢による所得喪失の場合には現金や現物給付を保障してくれるからであり、負担は受益への対価という「応益的性格」をもっている。

第2に社会保険モデルでは、保険加入者が自発的に拠出した保険料収入を財源として、国家から独立して保険運営者がその保険制度を運営する。給付は、加入者の負担に基づく対価の請求という「権利」としての性質をもっている。

2　皆保険、皆年金による混合型の費用負担原理

以上のように、「応益性」と「権利性」が社会保険モデルの特徴である。この特徴は、保険加入者がリスクをシェアするために自発的に拠出する保険料収入によって担保されている。このことの論理的帰結として、保険の機能は加入者にのみ適用される。この「限定性」が社会保険制度の第3の特徴だということができる。

こうして、職域単位で自発的に保険制度が創設されたところでは、従業員が保険によってカバーされる。しかし第1次産業従事者、自営業者、専業主婦といった人々は、職域単位の保険制度の外に置かれることになってしまった。そこで日本政府は、社会保険をベースとしながらも「国民皆保険」、あるいは「国民皆年金」の考え方に基づく制度を構築し、国民全体をその中に包含しようとした。

それを可能にするためには、財源面で社会保険料収入に加えて、税財源を投入する必要があった。もちろん、保険制度なので加入者には保険料を負担してもらうことが基本である。しかし、第1次産業従事者、自営業者、専業主婦は所得がないか、あったとしても不安定であったり、僅少であったりする。しかも、残り半分の保険料を負担してくれる雇用

主もいない。当事者の保険料負担だけではどうしても不十分な給付に留まり、彼らのニーズを満たせない。

そこで、社会保険料収入を補う租税財源を導入することになり、財源調達システム全体としては社会保険料財源と税財源の混合システムになった。

つまり、保険制度にどうしてもまとわりつく「限定性」を克服して、国民全体を対象とする普遍主義的な制度を構築しようとすると、財源は必然的に社会保険料と税財源のミックスにならざるをえない。これは、日本の社会保障制度が制度面で「社会保険モデル」と「普遍主義モデル」のミックスになっていることを、財源面で反映したものと解釈することができる。

保険制度の「限定性」を克服して「普遍性」をもたせようとする際に、税財源を投入する事例は、「市場主義モデル」の典型国アメリカにおいてすらみられる。２０１０年のいわゆる「オバマケア」導入が、それにあたる。

米国社会に深く根づいた民間保険制度の最大の問題は、多くの人々が保険制度から排除されていることだった。民主党クリントン政権時の１９９３年から94年に公的保険制度の導入が試みられたが、結局は挫折した。その苦い経験をもとに、同じ民主党オバマ政権は民間保険の活用を前提とした上で、国民にその加入を義務づけることで問題の解決を図った。具体的には皆保険実現のため、低・中所得者の保険加入に財政支援を行う一方、民間保険業者に対しては、既往症を理由とした加入拒否を禁じた。つまり、それまで民間保険から排除されていた低・中所得者の保険加入を可能にするために、米国連邦政府は彼らの保険料負担を支援する目的で税財源を投入した（第4章で詳述）。

これに対して日本は、2つの意味で保険制度に公費を投入している。第1は、文字通り制度の普遍性を担保するためである（「公費投入第1の論理」）。この考え方は、医療制度における後期高齢者医療制度、年金制度における基礎年金に適用されている。両者とも、財源面で半分を税財源により賄っている。

これは、制度に普遍性をもたせる上での国の責任を財源面で象徴するものだが、他方で、年金も医療もあくまでも保険制度が基本であることを踏まえ、50%を超える負担はしないということであろう。

第2は、財政基盤の弱い保険組合に対する公費投入を行うことで、国民誰もが世帯あたり同一水準の保険料負担で同一水準の給付を受けることができるようにする「再分配」の視点である（「公費投入第2の論理」）。この考え方に基づいて、医療制度における4つの保険グループのうち、財政基盤の弱い国保と協会けんぽに租税財源が投入されている。そのために、財政力の弱い組合ほどより多くの公費を投入している。

3　介護保険にも適用された混合型の費用負担原理

では、介護保険制度についてはどうなのだろうか。実は介護保険の財源調達においても、年金や医療の場合とまったく同じ精神が貫かれている。その財源構成を図示したのが、**図2-5**である。

ここに示されているように、その財源構成は50%が公費（国、都道府県、市町村が分担）、50%が保険料となっている。これは、年金制度における基礎年金、医療制度における後期高齢者医療制度と同じく、制度の普遍性を担保する上での国の責任を示す措置であろう（「公費投入第1の論理」）。

他方、保険料は65歳以上の「第1号被保険者」と呼ばれるグループと、40歳以上65歳未満の「第2号被保険者」と呼ばれるグループが負担する。介護サービス利用の際には、所得水準に応じてサービス費用の1割、2割、3割の利用者負担が請求される。

また、介護保険は市町村を保険者とする社会保険なので、その財政規模が小さいと保険

図2-5　介護保険の財源構成と規模

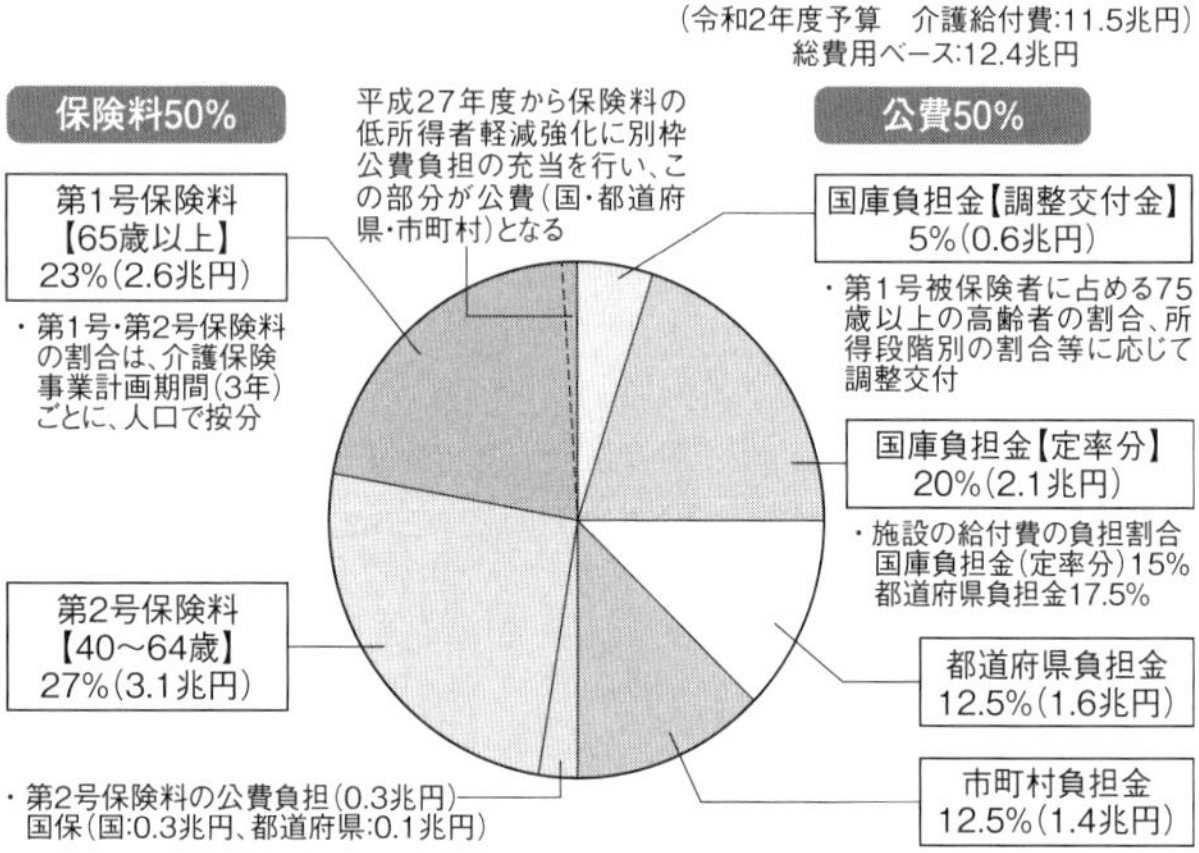

※数値は端数処理をしているため、合計が一致しない場合がある
［出所］厚生労働省老健局（2021）、「介護保険制度の概要」、p. 4

者間に保険料の著しい格差ができたり、保険財政が不安定になったりする恐れがある。このため介護保険には「調整交付金」が設けられ、市町村の保険料に著しい格差が生じないように財政を安定化させるための仕組みが設けられている。これは、医療制度に設けられている国保や協会けんぽへの公費投入に相当する。やはり、国民の同一負担で同一水準のサービス利用を可能にするためには、財政基盤の弱い保険者（市町村）を支援する「再分配」が必要だという考え方に立脚したものである（「公費投入第2の論理」）。

　以上のように、社会保障を社会保険料と税財源の組み合わせで支える仕組みは、介護保険においても貫かれ、日本の社会保障制度全体に共通する基本的な特徴となっている。これはたしかに、純粋な社会保険モデルや普遍主義モデルと比較すると複雑で、悪く言えば「折衷主義的」である。

しかし、こうした方式を採用することで、社会保険をベースとしながら国民皆保険や皆年金制度を実現できたことも事実だ。それだけでなく、一世帯あたり平均でみて、各保険グループ間でほぼ同一水準の保険料負担を実現している点は、国際的にみても特筆すべき成果である。これは、日本の社会保障制度が一見、異なる保険グループが並び立つ制度であるようにみえながら、実質的には制度間の支え合いと公費投入によって、なるべく統合的で平等な結果を生み出す工夫が積み重ねられてきた結果に他ならない。

次章で検討する子育て支援政策においても、普遍的な制度を構築しようとする限り、財源面では保険料と税財源の混合費用負担システムとならざるをえないだろう。

第3章　財源を調達するシステムを変えるには

——子育て支援政策を中心に

1 「こども・子育て支援」の財源調達システムの全体像

ここで、第1章で取り扱った子育て支援政策とその財源調達の問題に立ち返りたい。新たに生まれ出ようとしている子育て支援政策の財源調達の仕組みは、様々な論点を集約的に含んでおり、第2章で検討した社会保険料と税財源の関係について改めて考えるテストケースになりうるからだ。

こども未来戦略会議で決定された「こども未来戦略方針」によれば、「加速化プラン」に基づいて実行される政策の総経費は3兆円半ばになることが明らかになった（内閣官房2023b）。これは毎年必要となる経費なので、それを支える恒久財源が必要となる。政府は国会に提出した「子ども・子育て支援法等の一部を改正する法律案」において、「こども・子育て支援特別会計」と名づけられた特別会計制度（いわゆる「こども金庫」）を2025年度に創出し、一般会計と区別する形で子育て支援の歳入と歳出を管理することを明らかにした（**図3-1**）。

これはちょうど、第1章で検討した山崎提案の「子ども支援基金（3分の2は国民負担

図3-1　子ども・子育て支援に関する費用負担の仕組み

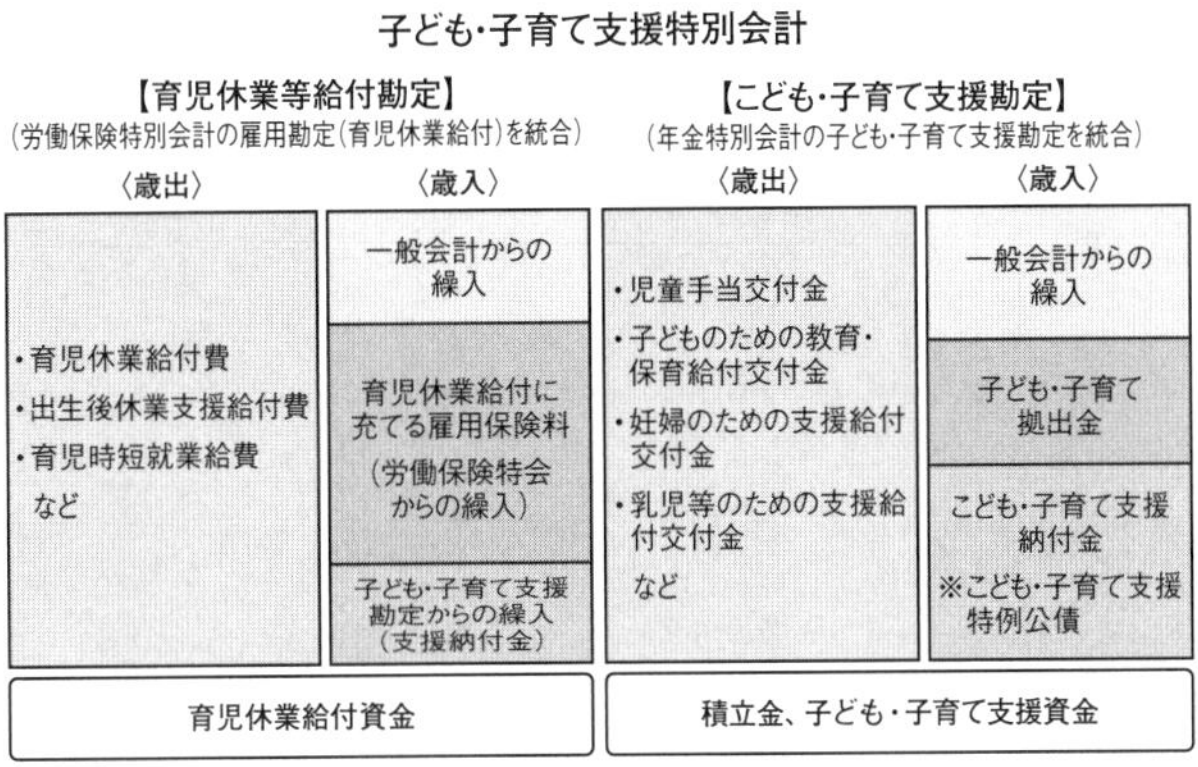

［出所］こども家庭庁（2024）、p. 8に筆者加筆修正

の保険料、3分の1は公費）」、および企業拠出の保険料から得られる財源で、「A」から「D」の経費を賄う仕組み（図1－5）に相当する。この特別会計は、「育児休業等給付勘定」と「こども・子育て支援勘定」の2つの部分からなる。前者の「育児休業等給付勘定」は労働政策の一環として整理される、雇用保険法に基づく既存事業の「育児休業等給付」を引き継ぎつつ、その強化・拡充のための政策を実施するために以下の歳入と歳出を管理する。

　これに対して後者の「こども・子育て支援勘定」は、家族政策の一環として整理される児童手当や子育て支援など既存事業を引き継ぎつつ、その強化や政策メニューの拡充に対応するため、以下の歳入と歳出を管理する。ここで、図3-1の全体像をもう少し詳しくみてみたい。

【育児休業等給付勘定】

歳出

・雇用保険法に基づく育児休業給付費

・出生後休業支援給付費

・共働き・共育てを推進するための経済支援（両親がともに一定期間以上の育児休業を取得した場合の育児休業給付率の引上げに相当する部分、育児時短就業給付費の創設、自営業者・フリーランス等の育児期間中の経済的な給付に相当する支援措置としての国民年金第1号被保険者についての育児期間に係る保険料免除措置の創設）

歳入

・一般会計からの繰入金

・育児休業給付に充てる雇用保険料

・子ども・子育て支援納付金（健康保険料の徴収ルートで新たに調達を予定。当面は子ども・子育て支援特例公債で資金調達）

【こども・子育て支援勘定】

歳出

- 児童手当交付金
- 子どものための教育・保育給付交付金
- 妊婦のための支援給付交付金
- 子ども・子育て支援交付金
- 乳児等のための支援給付金など

歳入

- 一般会計からの繰入金
- 子ども・子育て拠出金（年金保険料の徴収ルートから調達される事業主拠出金）
- 子ども・子育て支援納付金（健康保険料の徴収ルートで新たに調達を予定。当面は子ども・子育て支援特例公債で資金調達）

これら歳入のうち、「一般会計からの繰入金」以外は説明を要する。

まず、「こども・子育て支援勘定」の財源である「子ども・子育て拠出金」は、すでに導入済みの財源調達手段である。「社会全体で子育てにかかる費用を負担すべき」との考え方の下、事業主にもこれらの費用負担への協力を求めるために創設された仕組みである。

厚生年金に加入する従業員を抱えるすべての企業に対し、拠出金の負担義務が課される。従業員の厚生年金のための社会保険料と併せて日本年金機構が徴収するため、社会保険料だと思われがちだが、実は強制性をもって徴収される税金である。納税額は、従業員の標準月額報酬と標準賞与額に1000分の3・6を掛けることで算出される。被用者側の負担はないため、拠出金の給与からの天引きは行われない。

次に、「子ども・子育て支援納付金」とは何か。これは、「こども未来戦略」の下で実行される子育て支援事業を賄うため、新規財源として導入が予定され、本稿の執筆時点では、国会で審議されている。具体的には健康保険者に、健康保険料と併せて徴収・納付することが求められる。

上がってくる収入は、子育て支援経費に用いられる点で、健康保険とは異なる目的で徴収される。したがって支援納付金は、健康保険の徴収ルートを利用するものの、健康保険料とは切り離して徴収され、その収入を子育て支援経費にのみ充てる、事実上の「目的税」として実施されると考えられる。ではなぜ、年金、介護、雇用などの社会保険ではなく、健康保険に支援納付金の賦課・徴収を求めるのか。

それは、子育て支援にかかる費用を社会全体で負担する上で、雇用保険や年金保険ならば現役世代のみ、介護保険なら40歳以上のみの負担となるため、社会全体での負担とはならないからである。唯一、健康保険のみが全世代に負担を求めることができる。健康保険は現役世代のみならず、後期高齢者医療制度を通じて高齢世代も保険料を納めている。その総費用の５割は公費、４割は各保険組合からの支援金（つまり現役世代の負担）、そして１割は高齢者の保険料負担で賄われている。ちなみに、子育て支援経費を健康保険の仕組みを通じて負担してもらう先例として、出産育児一時金の財源を、後期高齢者医療制度の保険料収入から調達するという仕組みが２０２４年４月から開始されている。

最後になるが、「育児休業等給付勘定」の財源を構成する「育児休業給付に充てる雇用保険料」は、雇用保険料による収入がその財源に充てられている。その論理は、第1章で検討した山崎提案で説明が尽くされている。子育てのために休業することで発生する逸失所得を保障する目的をもち、労働政策で対応することに合理性があるため、雇用保険をその財源としているのだ。

2　子育て支援の財源はどこから調達すべきか

以上のように、現行の子ども・子育て支援事業は、雇用保険、健康保険、年金保険の徴収ルートを通じて財源が調達されている。これらは強制的に徴収される租税財源の性質をもち、それぞれの保険制度の本来の支出目的とは別の子育て支援に充てられている。とはいえ、徴収される側からすれば、これらは保険料負担の引き上げに他ならないことは否定しようがない。

以上より、一般財源からの繰り入れを除くと、子ども・子育て支援特別会計で経理される事業費は主として、社会保険料（あるいは、社会保険料の徴収ルートで徴収される税金）で賄われることは明らかである。

なぜ、子育て支援に関する経費を既存の社会保険料、もしくは社会保険料の徴収ルートで調達するのか。一見したところ医療でも、年金でも、そして介護でもない子育て支援に関する経費は社会保険料ではなく、消費税など税財源で賄う方が、筋が通っているように思われる。

保険とは、個人では避けることのできない失業、傷病、高齢にともなう所得喪失のリスクを、職域単位の集団でシェアするために創られた仕組みである。ところが出産は、本人が選択した結果であり、こうしたリスク概念と整合しない。当事者が望まないにもかかわらず一定の確率でその集団に発生し、個人では避けられないリスクへの対応という保険の考え方を、自ら望んで選択する出産・子育てにストレートに適用するのは無理があるように思われる。

ゆえにメディアでは「取りやすいところから取る仕組み」だとか、「その保険の本来目的（医療、介護、年金など）からの流用だ」との批判的な見方が流布している。いま一度、なぜ社会保険の徴収ルートを用いた財源調達を行うのか、その論理をもっと突き詰めて考える必要があるのではないだろうか。

まず押さえておかなければならないのは、急速な少子化の進行を受けて、子育てを私的な営みとする観念から脱却し、「子育ての社会化」を図らねばならないという認識が急速に広まってきた点だ。少子化がさらに進み、人口減少が急速に進めば経済規模は縮小し、年金、医療、そして介護などの仕組みを維持することが難しくなる。次世代を育成し、この社会の持続可能性を担保することは、子どもをもつ家庭にとってのみならず、私たちの社会全体にとっての重要課題となった。このため、子どもを生み、育てることは当事者のみならず、社会全体にとっても便益をもたらすと考えることができる。

かつては若い世代が子育てをしつつ、その費用を自分たちで賄うのは当然だとされていた。だが、次世代を育てることの便益が社会全体に及ぶと認識され、それが広く共有されるのであれば、費用を社会全体で分担するのが望ましいという合意を形成するための基盤が整うことになる。これは、「全世代型社会保障改革」の名の下、内閣官房に設置された「全世代型社会保障構築会議」の場で２０２１年から議論されてきたポイントそのものである。

バブル崩壊以降の30年間はずっと、日本の賃金水準は停滞を続けてきた。その中で、若い世代が子どもを高校や大学卒業まで育てるコストと、自分たち自身の生涯所得を天秤にかけた結果、彼らの多くがとてもそのコストを負いきれないと判断してきたのも無理はない。

その結果、子どもをもつことを断念したり、２人目を断念したり、といった事態が進行し、少子化に拍車がかかってきた。子どもは私的財だと位置づけ、費用負担を当事者のみに委ね続ける限り、この先も少子化は加速し続けるだろう。私たちは、子どもを公共財と位置づけなおし、子育てにかかる費用を社会全体で負担する方向に舵を切るしか、現状を打開する途はないと考えられる。

もしこのことが承認されるならば、その財源調達の仕組みについて、選択肢は次の2つになるだろう。第1は租税財源（消費税、所得税、法人税……）で賄う選択肢、第2は社会保険料の徴収ルートを用いる選択肢である。

後者の場合は、上限付きで賃金に比例的に課税する方式となる。ここではもはや、第2の選択肢の財源調達方式が本来的な意味での保険原理に適っているか否かは問題にならない。論点は、第1の選択肢である租税財源の課税ベースと、第2の選択肢である上限付き賃金課税ベースのどちらに子育て支援財源を求めるのがより合理的で、公平な選択肢かという点に絞られる。

3　財源を社会保険の仕組みで調達するメリット

以上の論点を踏まえ、財源を社会保険の仕組みを用いて調達することが望ましいと説得的に論じているのが、慶應義塾大学教授で社会保障論の専門家である権丈善一氏である（権丈 2023a, 2023b, 2023c）。彼は、子育て支援の財源を社会保険の仕組みで調達することのメリットを次のように説明している（**図3－2**）。

社会保険料は、賃金月額（標準月額報酬）に対して比例的に課されるのが基本である。健康保険の場合、健康保険組合や協会けんぽは、賃金月額が5・8万円以上になると加入でき、賃金月額に健康保険料率（例えば、協会けんぽの平均保険料率10％）が掛けられ、その額（5800円）を、労働者と使用者が折半して2900円ずつ負担する。

他方、保険料率が乗じられる賃金月額には上限があり、健康保険、介護保険の場合には139万円（厚生年金は65万円）が上限となる。これ以上は賃金月額が上昇しても、保険料負担は増えない仕組みとなっているため、上限に達した後の保険料はフラットに描かれている。

権丈氏によれば、こうした負担構造をもつ社会保険料のメリットは、次の3点にまとめることができる。

第1は、社会保険料独特の論理として、労使折半で費用を負担できる点にある。つまり労働者個人だけでなく、企業にも負担を求めることができる。これはドイツ帝国以来のビスマルク型社会保険の伝統だが、どういう論理でこうした仕組みが正当化されるのだろうか。

図3-2　社会保険の費用負担構造

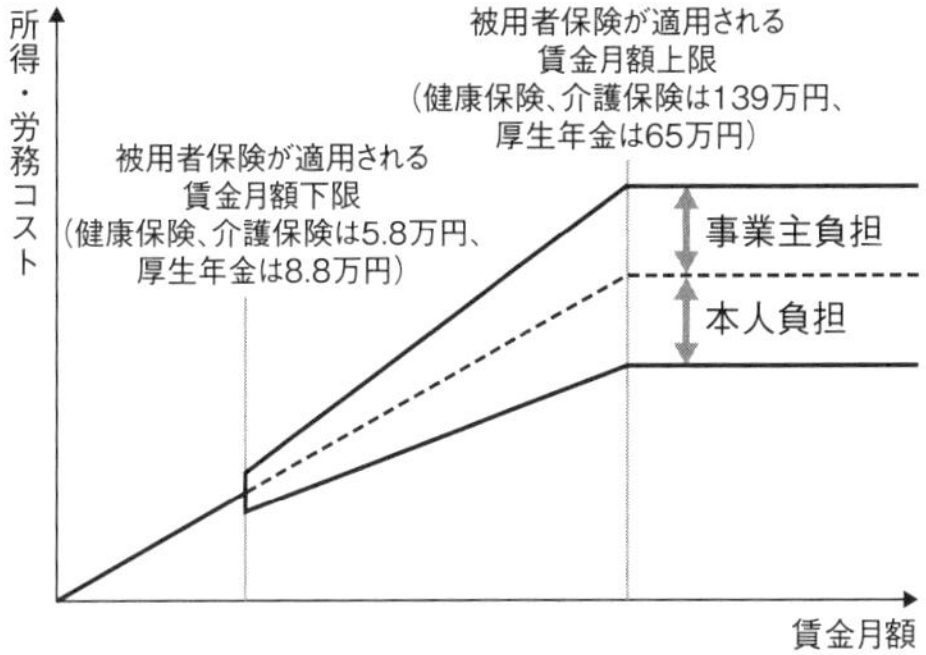

［出所］権丈（2023b）、図４

企業負担の論理は、労働者が社会保険によってリスクへの対処が可能になり、安心して仕事に従事できることから得られる利益が、労働者本人だけでなく企業側にもたらされることで説明できる。子育て支援にこの論理を応用すれば、少子化がもたらす人口減少で労働力が不足し、購買力（需要）が縮小することによる最大の被害者となるのは企業である。したがって、新たな拠出の仕組みに企業も参加することで、この傾向を反転させることができれば、企業はその最大の受益者になる。

メリットの第2は、賃金月額が上限に達するまでの大部分の人々にとって、負担が所得比例的となっており、消費税や住民税の均等割負担部分のように逆進的ではない点を挙げることができる。もちろん、賃金月額が上限に達したところで、それ以上、保険料負担が増えない仕組みは多くの専門家が指摘するように、総体としては逆進的な負担構造とならざるをえない。

だが、健康保険・介護保険の場合は賃金月額上限が139万円と比較的高い水準に設定され、その所得範囲に大半の従業員が収まることを考慮すれば、その負担構造はほぼ賃金比例的だと指摘する。

メリットの第3は、ある制度の分配影響を評価するには、その費用徴収面だけでなく、その給付面も考慮しなければならないと主張する。実際、給付から負担を差し引いた純便益でみれば、社会保険は累進的な構造になっているという。例えば、健康保険では、1人あたりの医療サービス支出が所得水準にかかわらず一定になっている。これに対して負担は所得比例的なので、医療サービス支出から社会保険料を差し引いた純便益でみると、低所得者層では純便益がプラスになる一方、高所得者層ではそれがマイナスになる。つまり、制度全体として高所得者層から低所得者層への再分配が行われていることになる。

実際、この主張は内閣府の試算によって裏づけられているようにみえる（内閣府 2015）。この試算は年金、医療、介護、教育、保育の各サービスを「受益」として算定する一方で、所得税・住民税、消費税、年金保険料、健保保険料を「負担」として算定している。その上で、受益から負担を差し引いた「ネット受益・負担」を現役世代（20歳～59歳）と高齢者（60歳～）に分けて算出している。

その試算結果を示した（図3-3）。これをみれば、現役世代であれ、高齢者であれ、世帯の総収入が低い層で「ネット受益・負担」が正の値となる一方、総収入の高い層ではそれが負の値になっていることが分かる。つまり、権丈氏の指摘のように、社会保険料の負担が逆進的であったとしても、給付を考慮した純便益で評価すれば、社会保険は十分に所得再分配機能を発揮していることが確かめられる（累進的な所得税もこの結果に寄与している点は留意しなければならない）。

もっとも、現役世代で「ネット受益・負担」が正の値をとるのは総収入が400万円から800万円以下の層に限られるのに対し、高齢者では「ネット受益・負担」は総収入1200万円から1600万円以下の層で正の値となっており、高齢者の方がより幅広い所得層で社会保険から正の純便益を受け取っていることが分かる。また、「ネット受益・負担」が負の値をとる層の比較では、現役世代の方がネット負担の対総収入比が大きい。つまり、それだけ現役世代の負担感が大きいことを示唆している。

図3-3　収入階層別にみた受益・負担構造の変化

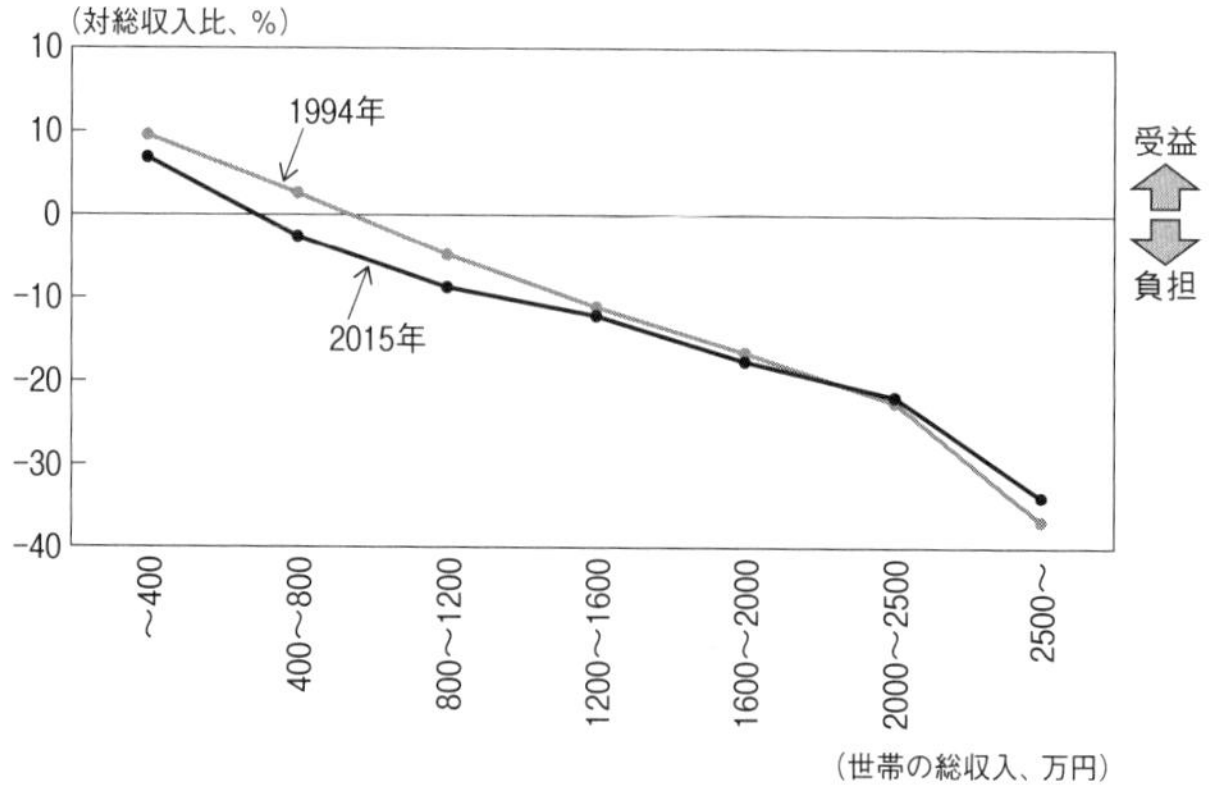

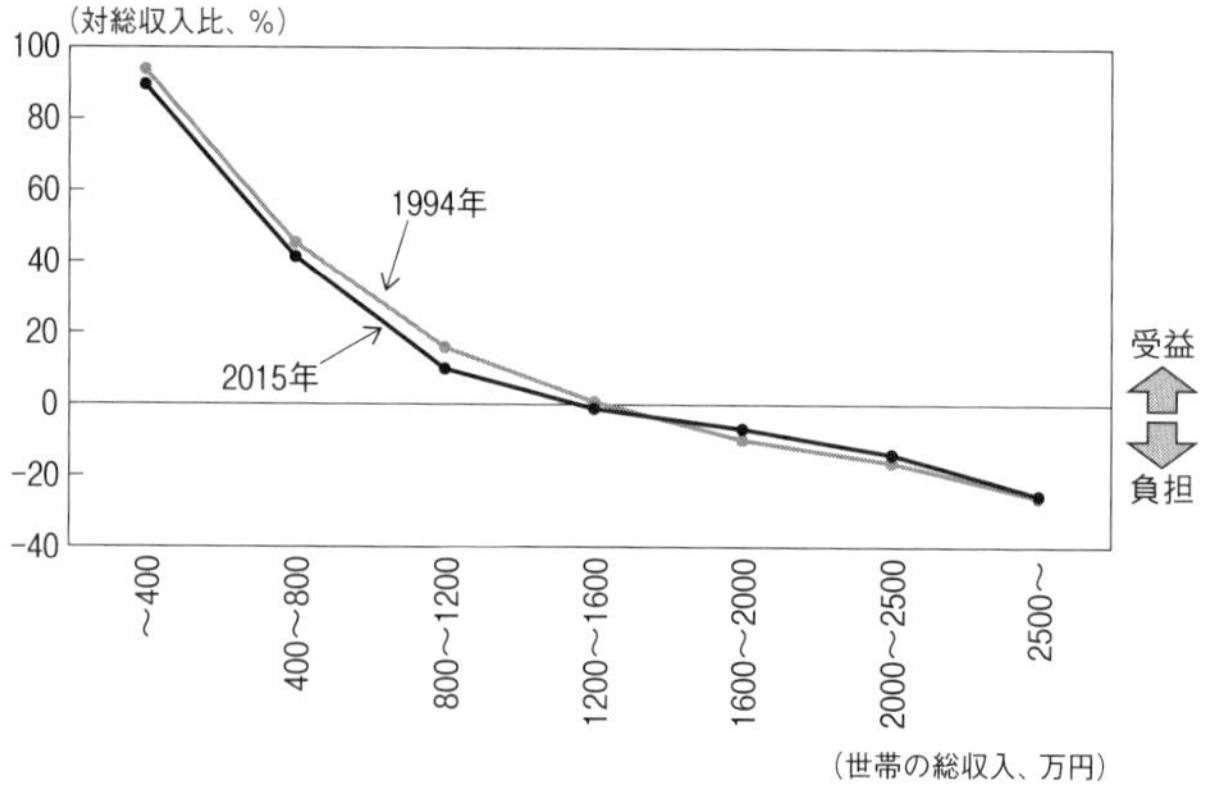

［出所］内閣府（2015）、p. 9（上図）およびp.11（下図）
［注］上図は現役世代、下図は高齢者のネット受益・負担を示したものである

時系列的な変化を観察すると、別の課題も浮かび上がる。図には、１９９４年と２０１５年の「ネット受益・負担」が描かれている。両者を比較してみると、次のことが分かる。つまり、約20年間に生じた社会保険料や消費税の負担増加が、低・中所得層の「ネット受益・負担」を減少させたのである。これらの負担の引き上げは、所得分配上、逆進的な効果をもっていたことが、ここから理解できる。

たしかにバブル崩壊以降の30年間、賃金水準は停滞する一方で、消費税は税率３％から段階的に10％まで引き上げられ、社会保険料の水準も同様に段階的に引き上げられてきた。内閣府の試算からは、こうした負担増は所得比例的に影響を及ぼしたのではなく、低中所得者層により大きな打撃を与えたと推測できる。

つまり、税・社会保険を合わせた公的負担は、対ＧＤＰ比での負担比率（国民負担率）を高めただけでなく、その逆進性をより強める方向に作用してきたのだ。

4　直面する課題をどう乗り越えるか

1　社会保障財源のあり方――税か社会保険料か

では次に、財源調達手段としての社会保険料を、租税財源との対比において位置づけていくことにしよう。

社会保険料は、間違いなく日本の社会保障を支える安定財源として機能してきた。ここで、1979年度から2021年度の日本の総税収と主要税目（所得税、法人税、消費税）の税収、そして社会保険料収入の推移をみてみよう（**図3－4**）。その転換点は、1990年である。

バブルが崩壊したこの年を境に総税収はリーマンショックの影響を受けた2009年まで約20年間、上下を繰り返しながらも全体として下降トレンドに入っていく。総税収が回復し、再び右肩上がりのトレンドに入るのは2009年以降である。したがって、2009年をもう1つの転換点と捉えることもできる。

図3-4　税収と社会保険料収入の推移

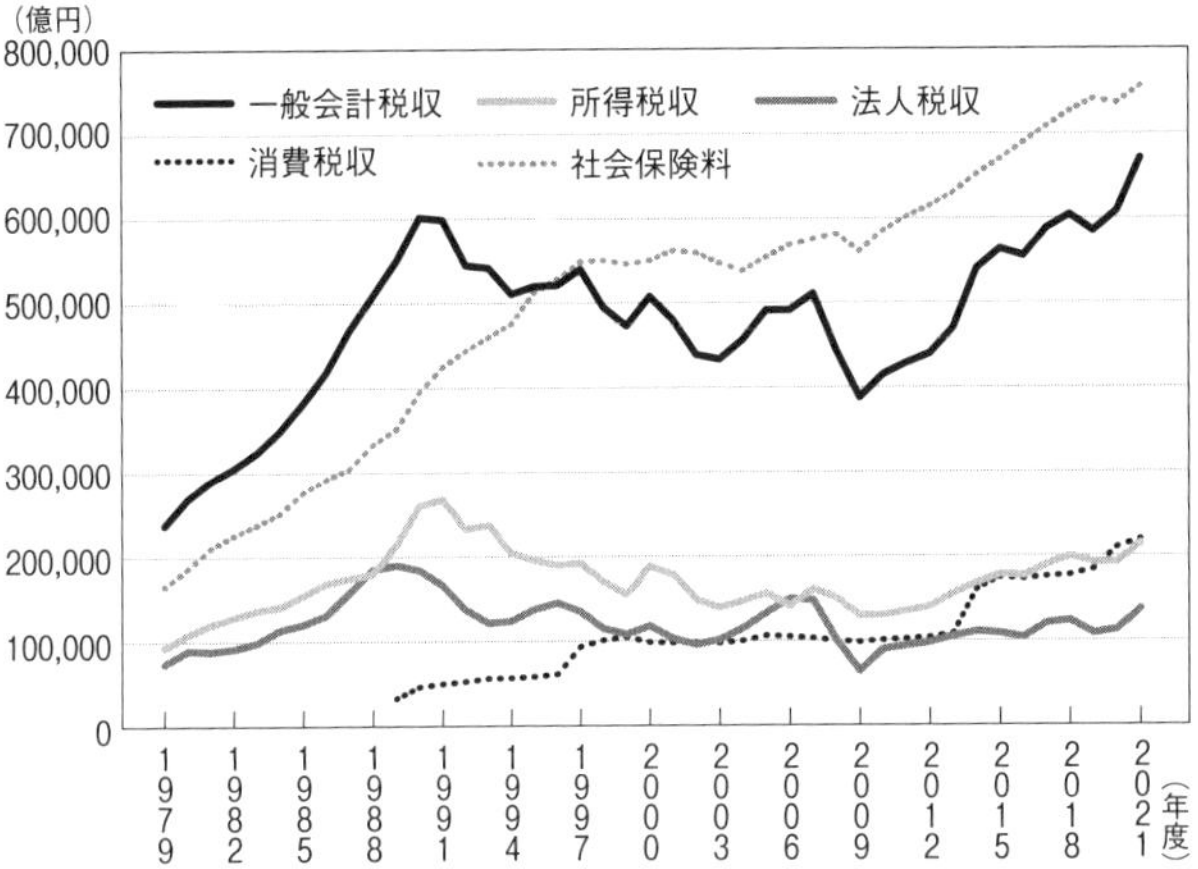

［出所］税収データに関しては、財務省ホームページ「税収に関する資料」の「昭和54年度（1979年度）以降の税収の推移」より取得。社会保険料データに関しては、国立社会保障・人口問題研究所（2023c）、p.34、表14より取得。これらのデータに基づいて筆者作成

　税収のこうした大きなトレンドに所得税と法人税が最も寄与していることは、両者が総税収の動きと連動性をもつことからうかがえる。ただし、法人税は２０１５年度から18年度にかけて段階的に税率が引き下げられたため、所得税のような税収の回復傾向をみせていない。

　他方、消費税は税率が３％から5％、8％、10％へと段階的に引き上げられたこと、加えて景気に対する感応性が低いので、税収は景気変動の影響を大きく受けることなく順調に増加し、２０２０年

以降は、所得税収を上回る最大税収を生み出す税源となった。

また、税と社会保険料の関係について次の2点が読み取れる。第1は、社会保険料の驚くべき財源調達力である。社会保険料収入は1996年までは一般会計税収を下回っていたが、同年についに一般会計税収を上回り、以後はずっと社会保険料収入が一般会計税収を上回っている。

とくにバブル崩壊後、第1の転換点で税収が下降トレンドに入ったにもかかわらず、社会保険料収入は緩やかに増加、あるいは悪くても横ばいを続けた。リーマンショック後の第2の転換点によって税収がようやく増加トレンドに戻った際は、社会保険料も同様に増加トレンドに入り、なお総税収を上回る大きな財源調達力を示し続けた。

その背景には、社会保険料が法人税のように「利潤」ではなく、「賃金」に賦課ベースを置いているために、企業が不況期に赤字になっても雇用を続ける限り、社会保険料を負担しなければならなかったことが効いている。さらに、数次にわたる社会保険料の引き上げも、この結果に大きく寄与したはずである。ここから第1に、総税収を上回る収入を上げる社会保険料の財源調達力の強さを、ここで改めて確認しておきたい。

これに対して、1979年から2021年の社会保障財源の構成比の推移も確認してお

図3-5　社会保障財源の構成比の推移

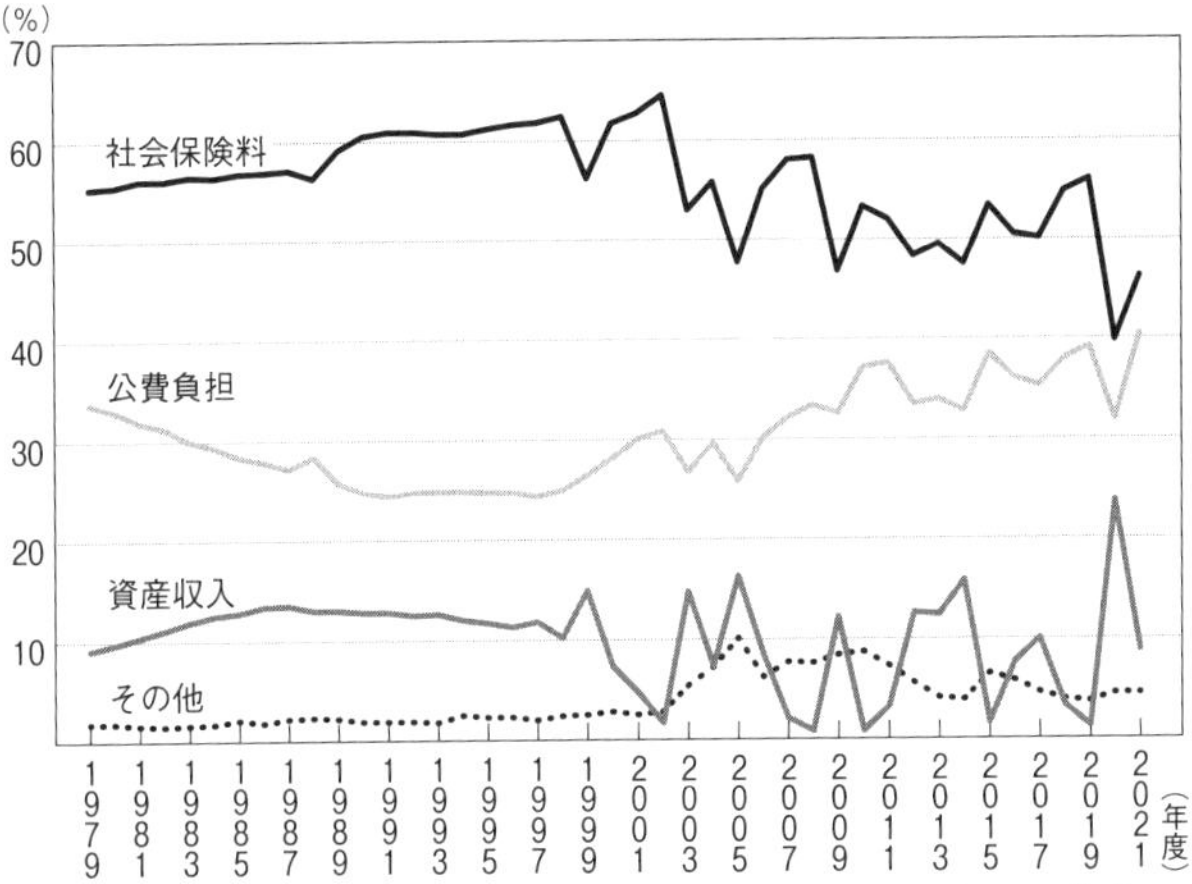

［出所］国立社会保障・人口問題研究所（2023c）、p.35、表14のデータに基づいて筆者作成

きたい（図3－5）。

社会保障費の財源として、(1)社会保険料（被保険者拠出＋事業主拠出）、(2)公費（国庫負担＋他の公費負担）、(3)資産収入（公的年金制度等における運用収入）、そして、(4)その他、の4財源から構成されている。このうち最大の比率を占めるのが(1)の社会保険料収入であり、近年（2011～2020年）は平均で50・2％を占めている。次に大きな比率を占めるのが、(2)の公費負担（国税・地方税収入、および国債発行収入が財源）であり、近年の平均で35・7％を占めている。

ここから読み取れるのは、2000

年以降の社会保険料収入の比重の低下と公費の比重の増加である。前者は1990年代にはほぼコンスタントに60％を上回っていたが、現在では50％前後に低下している。逆に公費負担は1990年代には平均25・3％であったが、現在は35％近くまで上昇してきた。

先に確認したように、総税収が社会保険料収入を下回っているにもかかわらず、なぜ公費比率が増加傾向にあるのだろうか。それは税収だけでなく、公債発行によって調達された資金が公費として社会保障に投じられているからである。ここから、絶対額での社会保険料収入の力強さにもかかわらず、社会保障財源における社会保険料の比重の低下傾向、つまり、公費比重の増加傾向を指摘しておきたい。

2　社会保険料の問題点

以上のように、大変力強い財源調達手段として機能してきた社会保険料だが、問題がないわけではない。それらの問題を踏まえてもなお、今後も社会保障財源を社会保険料に依存し続けることができるのだろうか。社会保険料が抱える問題の第1は、すでに触れた逆進性である。第2は、社会保険の限定性（あるいは排除）であり、そして第3は、社会保険料の負担水準である。

第1の逆進性については、すでに多くの指摘がある（池上 2017, 四方 2017, 小塩 2023）。税と社会保険料の負担構造を丹念に調査した明治大学教授の田中秀明氏は、社会保険料が逆進的な負担構造になっていることを明らかにした上で、その原因は社会保険料の負担に上限が設けられ、それ以上は所得が増えても社会保険料の負担は増えない仕組みになっていること、そして国民年金の保険料負担が所得にかかわらず定額負担となっている点にあると指摘している。

また、社会保障給付から社会保険料の負担を差し引いたネット給付でみると、たしかに所得再分配的な構造になっているはずだが、実際にはそうした構造は社会保険料だけで実現しているのではなく、かなりの程度、税財源の投入によって可能になっており、むしろ社会保険料と給付の直接的な関係性は弱まっていると指摘している（田中 2010, 2023 第7章）。

第2の社会保険料の限定性は、「国民皆保険」、「国民皆年金」といっても、本当に一人残らずすべての人々が保険制度でカバーされているわけではない点にある。医療保険の場合であれば、失業や貧困を理由として社会保険料を負担できず、無保険状態になってしまう人々がいる。

厚生労働省の調査によれば、国保の保険料収納率は1973年度（昭和48年度）にピークの96・47％に到達したのち、ほぼ一貫して低下し続け、リーマンショック直後の2009年度（平成21年度）には88・01％にまで落ち込んだ（厚生労働省 2023a）。その後、回復して2021年度には収納率が94・24％となり、かつてのピーク収納率をうかがうところまで到達した。

また、国保対象の全世帯に占める保険料滞納世帯の比率（滞納率）も、リーマンショック直後の2008年度（平成20年度）から2010年（平成22年）度にかけて、ピークとなる20・6％を記録したが、その後は低下傾向にあり、2022年6月1日時点では、11・4％にまで低下している。

とはいえ、依然として約1割の世帯が保険料を滞納しているという事実は、国民皆保険の理念とその実際に乖離があることを示している。滞納が1年半以上続いた世帯は、保険証を返還させられて「無保険」の状態となり、医療を受ける場合にはその費用を全額自己負担しなければならなくなる。

年金でも、同様の問題が生じている。日本の年金制度で受給資格を得るには、25年以上の期間、年金保険料を払い続けなければならなかったが、2015年10月1日以降は10年間に短縮された。もっとも、10年に1カ月でも満たなければ受給資格を満たさないとして年金を受け取ることができない。日本は皆年金制度を採用しているが、失業や貧困などの理由で年金保険料を納めることができず、結果として受給資格をえられないために無年金となる人々がいる。

さらに、年金を満額受給するには40年間の加入期間が必要だが、これを満たさない場合、それに応じた年金支給額の減額が行われる。この場合、加入期間が不十分な場合には、得られる年金額では生活が困難な「低年金」問題が生じる可能性がある。

国民年金保険料の納付率は、バブル崩壊直後の１９９１年度にはピークの85・7％に達したが、その後、減少し、一時期は6割を切る水準まで低下した。だが国保収納率と同様に現在は回復傾向にあり、直近（２０２２年度）では76・1％まで回復してきた。未納分の納付まで含めた最終納付率でみると、２０２０年度に80・7％まで回復した（厚生労働省 2023b）。だがここでもやはり、「国民皆年金」といいつつ、約2割もの未納率が記録されている点に、制度上の建前と実際の間に乖離があることが示されている。

以上のように、国保も年金も保険料収納率が回復し続けているのは、無（低）年金・無保険の問題を解決する上で明るい材料である。しかし社会保険である限り、保険料を納めない人々に給付は行われない。収納率が１００％に到達しない限り、無（低）年金・無保険の問題は残り続けてしまう。社会保険にどうしてもつきまとう限定性の問題が、上述のように改善し続けているのは喜ばしいことだが、依然として問題は残り続けている。

社会保険料に関する第3の問題点は、社会保険料の負担水準に関してである。社会保険料が日本の社会保障を支える力強い財源調達手段として機能してきたことは、すでに強調したとおりである。それが可能なのは、景気変動によって大きな影響を受ける「利潤」ではなく、企業が人を雇って事業を継続する限り発生する「賃金」に賦課ベースを置いていること、そしてなによりも、給料の天引きという形で徴収されるために個人が負担を感じにくく、消費税率の引き上げの場合に起きる大きな論争や政治的抵抗がみられないことも、継続的な保険料率の引き上げを可能にしてきた要因である。

雇用主負担分と被雇用者負担分を合わせた医療・年金・介護の合計保険料率は、1950年度には賃金月額の8％で済んでいたが、以後上昇し続け、2023年度は30・12％となっている（**図3-6**）。新たに子ども・子育て支援納付金を健康保険の徴収ルートで課すのであれば、この合計料率はさらに上昇することになる。

医療・年金・介護、そして子育て支援の財源調達を主として社会保険に依存し続けることへの課題は、それが現役世代にさらなる負担を課し、とくに若い世代の実質所得を減ら

図3-6　医療・年金・介護の各社会保険料率とその合計料率の推移（会社負担・従業員負担分合計：1950-2023年度）

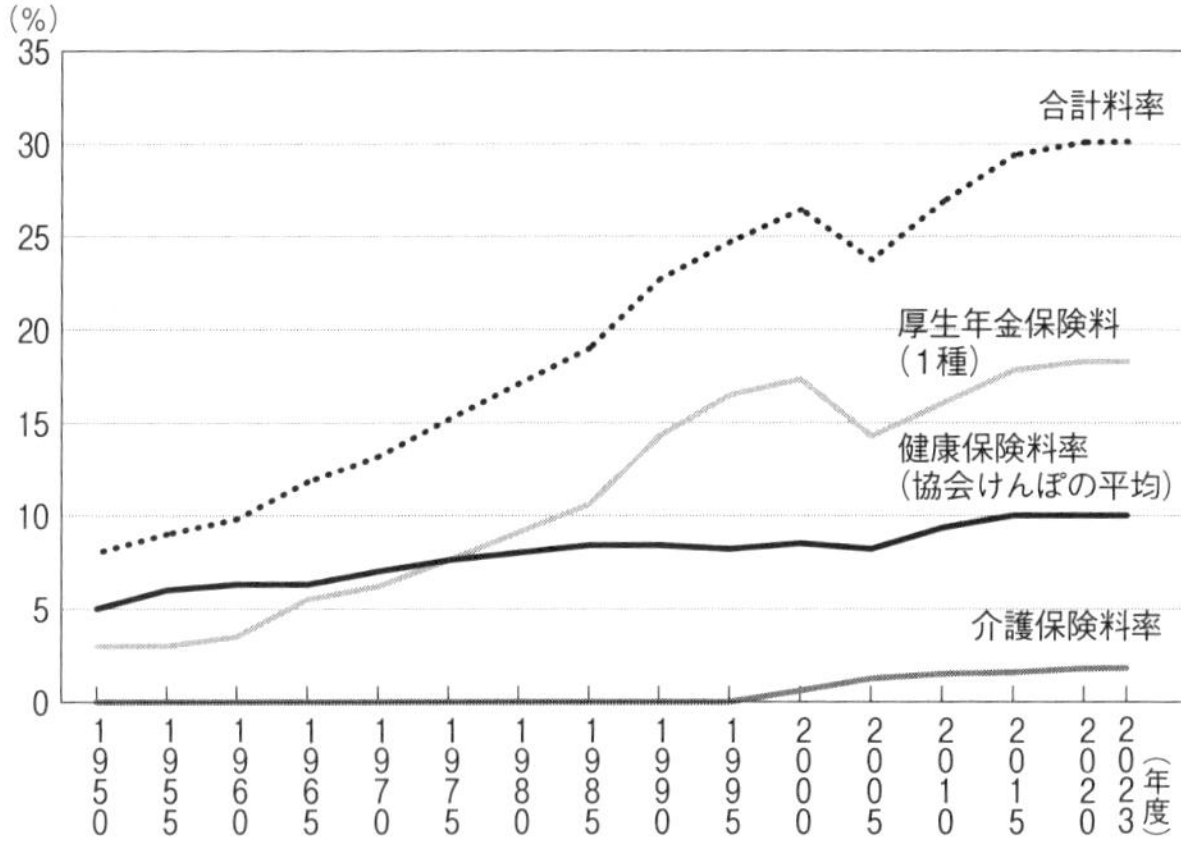

［出所］各社会保険料率のデータから筆者作成
［注］縦軸は、賃金月額（標準月額報酬）に占める保険料の比率を示す

してしまう点にある。

　人間は誰しも老いるので、若い世代のうちに負担しておけば、高齢になったときに給付を受けることができる、これが保険の論理である。だが、人口が一定ならばこの論理は妥当するが、高齢化しつつ人口が急速に減少していく局面では、膨らんでいく高齢者への給付を、縮小する現役世代で支えなければならず、１人あたりの負担は急激に高まる。

　しかも、社会保険料の負担は賃金にのみ上限付きで課せられる。所得税のように、利子・配当などの金融所得や資産価値上昇（キャピタルゲイン）、その他の所得源は考慮されない。勤労所得への重課が続けられる結果、高所得者により多く保有される金融所得やキャピタルゲインの公的負担は増えない一方、中低所得者の主たる所得源である勤労所得への負担がさらに重くなるため、公的負担の逆進性がさらに強まる。

こうした状況を若い世代は知っているので、社会保険料の負担増加で減少する実質所得の中から、さらに子育て費用を負担してまで子どもを育てることが可能か、躊躇することになる。つまり社会保険料の負担増が、少子化に拍車をかける。そうすると、彼らの次の世代がさらに縮小し、1人あたり負担はいっそう増加するという悪循環が進行しかねない。

もちろん、社会保険料の負担の上限がどこにあるのか、理論的に確定することはできない。だが、現在の急速な出生者数、合計特殊出生率の低下トレンドから、主として社会保険料に頼って社会保障を支えるのはそろそろ限界であることを、政府をはじめ多くの関係者が認識し始めているのではないか。だからこそ、次にみるように社会保障改革で「金融資産も加味した応能的な負担原理への移行」がアジェンダに上ってきたのではないか。

実際、子育て支援策とその財源を議論している「こども未来戦略会議」と「支援金制度等の具体的設計に関する大臣懇話会」では、委員から金融所得、キャピタルゲイン、金融資産、さらには贈与・遺贈に充てられる資産への課税など、社会保障が依拠する財源を賃金から拡大してより応能性を強めるべきだとの意見表明が相次いでいる。いくつか紹介しておこう。

中野美奈子構成員（フリーアナウンサー）
「財源に関してですが、相続税や贈与税の引上げも検討できないものでしょうか。相続税の拡大は、国民生活や国内経済に悪影響を与えないと思います」（「こども未来戦略会議」第7回、以下同）

新浪剛史構成員（サントリーホールディングス株式会社代表取締役社長）
「社会保障制度はキャピタルゲインを十分に捕捉できておりません。早急にキャピタルゲインを捕捉するための仕組みを整え、応能負担を徹底していただきたいと思います」

菊池馨実構成員（早稲田大学理事・法学学術院教授）
「戦略方針では、支援金制度は賦課対象を含め、負担能力に応じた公平な負担とすることを検討することとされています。この点、現在、負担能力を判定する所得は稼働所得が中心となっていますが、対象となる所得をさらに広げていくことが考えられます。金融所得については確定申告の有無により保険料負担が異なる状況となっていることから、支援金制度を検討するに当たっては金融所得も適切に勘案する方式にするべきではないでしょうか。このことは、全世代を通じての負担能力別負担の考え方を推進する全世代型社会保障の理念にも沿うものと考えられます。このように、他の社会保険制度に先んじて改善策を取り込んでいくことは、支援金制度に対する理解を広げることにも役立つものと考えます」（「支援金制度等の具体的設計に関する大臣懇話会」第1回、以下同）

井上隆構成員（日本経済団体連合会専務理事）
「御指摘のありました金融所得についても、負担能力に応じてという面で加えることは私も賛成でございますし、さらに言えば、金融資産につきましても、把握ができるのであれば、長期的にはそれも考慮していくべきではないかなと思います」

以上の問題意識を受けて政府は正式に、社会保障をめぐる費用負担のあり方を議論する際に、金融資産を考慮に入れることを検討対象にすると表明した。以下では、議論のポイントを確認することにしたい。

３　社会保険料に金融資産を加味？――社会保障改革の工程素案

首相官邸に設置されている全世代型社会保障構築会議は２０２３年12月22日、いわゆる「改革工程」を決定し、その中で医療・介護に関して金融資産を考慮した費用負担のあり方を検討する方針を打ち出した（内閣官房 2023c）。

この会議の問題意識は、次のようなものである。つまり、社会保障を支える費用の負担を全世代で分かち合う上で、賃金ベースだけでは現役世代に負担が偏ってしまう。そこで、金融資産を勘案することで負担能力をもつ高齢者にも応分の負担を求めたい、というわけである。

実際、総世帯の金融資産残高を世帯主の年齢階級別にみると、30歳未満の１９４・８万円からピークとなる60歳代の１８９５・９万円まで一貫して増加し、そこから80歳以上にかけて若干減少する構造となっている（**図３－７**）。他方、金融負債残高の方は、30歳未満の１９６・４万円からピークとなる40歳代の９１８・１万円まで増加し、そこから80歳以上の96・８万円まで減少していく。金融資産残高から金融負債残高を差し引いた純金融

図3-7　世帯主の年齢階級別金融資産残高及び金融負債残高（総世帯）

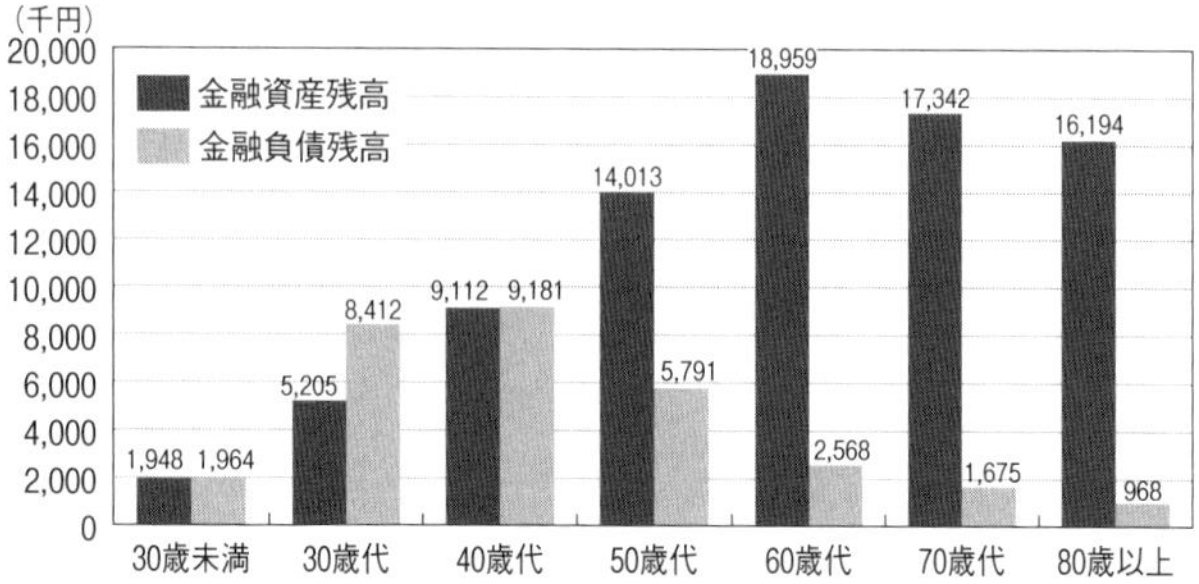

［出所］総務省統計局（2021）、p.10、図Ⅰ-9

資産残高でみると、60歳代の1639・1万円がピークだが、70歳代、80歳以上もいずれも1500万円を超える純金融資産残高を保有していることが分かる。もちろん、この数値はあくまでも平均値であるため、すべての高齢者層が押しなべてプラスの純金融資産を保有しているわけではない。それでも金融資産残高、もしくは純金融資産残高に着目して負担を課すことができれば、現役世代の負担を抑え、資産を保有する高齢者に負担をシフトさせることができるようにみえる。

金融資産に着目した負担の導入は、応能負担の実行という視点からみても望ましい。**図3-8**は、年間収入五分位階級ごとにみた金融資産残高と金融負債残高を示している。ここから、高所得者になるほど保有する金融資産が増加する傾向が明瞭に表れている。とくに第V階級は、金融資産残高だけでなく、純金融資産残高で他の階級を圧倒している。この金融資産に着目すれば、応能的に対応することができそうである。

もっとも、金融資産に着目した負担をめぐる議論は、突然出てきたわけではない。２０１７年以降、厚生労働省の社会保障審議会医療保険部会で、金融資産を考慮した負担のあり方に関する検討が断続的に行われてきた（厚生労働省保険局 2017）。また、財務省の財政制度等審議会も、金融資産を考慮した負担のあり方を提言してきた。

経済財政諮問会議の下に設けられた専門調査会「経済・財政一体改革推進委員会」も、「新経済・財政再生計画改革工程表２０１９」（令和元年12月19日）において、「高齢者医療制度や介護制度において、所得のみならず資産の保有状況を適切に評価しつつ、『能力』

図3-8　年間収入五分位階級別金融資産残高及び金融負債残高

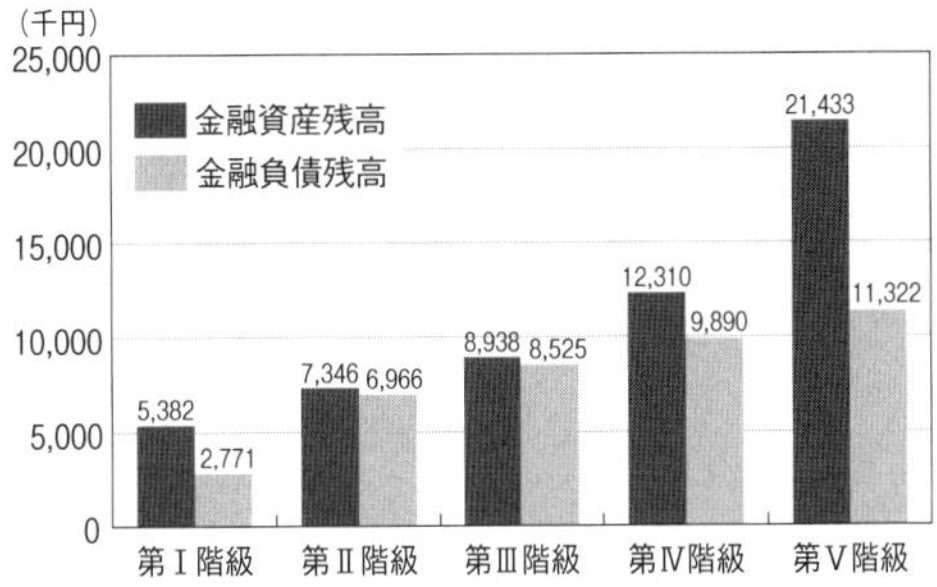

［出所］総務省統計局（2021）、p.14、図Ⅰ-14
［注］年間収入五分位階級とは、世帯を年間収入の低い方から高い方へ順に並べ５等分した五つのグループのことで、収入の低い方から順に第Ⅰ、第Ⅱ……第Ⅴ。五分位階級という

に応じた負担を求めることを検討する」と明記、政府全体としてこうした方向で検討を進める方針を示していた。

以上の議論の積み重ねの上に、前述の「全世代型社会保障構築会議」での方針決定に至ったのである。ところが、5年以上もの検討にもかかわらず、なぜこれまで議論に進展が見られなかったのだろうか。それは、金融資産を考慮に入れるための情報的な基盤がいまだ整っていないため、厚生労働省が一貫して慎重な姿勢をとってきたからである。この点については、厚生労働省の社会保障審議会による次の指摘が重要である（厚生労働省保険局2020）。

それによれば、金融資産を考慮した負担を課すには当然のことながら、預貯金口座等の金融資産を把握することが前提条件となる。ところが以下の点でそれは、きわめて人手と手続きコストを要する状況となっている。

第1に、すべての預貯金口座にマイナンバーが付番されておらず、本人が任意に預貯金口座とマイナンバーを紐付けることができるに過ぎない。そのため、オンラインで効率的に口座情報を取得することができない。

第2に、自治体から金融機関に口座情報を一括で照会する方法がない。現在、介護保険の補足給付で金融資産の把握が行われているが、その方法は概略、次のようなものである。まず、本人の申請に基づいて市町村が銀行本店に郵送で口座情報の照会を行う。それを受けて当該銀行本店が、国内店舗網における申請者本人の口座情報の調査を行い、その結果を市町村に郵送で回答する。このように、きわめて時間と人手のかかるアナログな方法で実行されているのが実情である。

要するに、マイナンバー制度を用いた預金者の口座把握が、依然として根強い抵抗によって進んでいないことが大きな障害となっているのだ。それでもあえて口座情報を把握しようとすれば、本人の申請を待たねばならず、しかも1件1件、個別に銀行本店を通じた「照会」の形をとって調査をしてもらわなければならない。結果、膨大な人手と時間がかかる状況になっているのだ。

こうした状況で金融資産を考慮に入れた負担を実行しようとすれば、国民一人一人について膨大なコストをかけ、人海戦術で口座情報の調査を進めなければならなくなる。政府だけでなく、金融機関も疲弊することは間違いない。これでは、コロナ禍で「デジタル敗戦」と呼ばれた10万円の一律給付の失敗を繰り返すことになりかねない。

マイナンバー制度は元々、「グリーンカード」構想から出発している。これは、利子などの金融所得を把握し、勤労所得と合算して総合課税を実施するために構想された。だが、国民の不信感や金融業界の反対により挫折した。マイナンバーはこうしたグリーンカードの失敗を踏まえつつ、その精神を引き継いで構想された。

預金口座にマイナンバーを付番すれば、勤労所得とそれ以外の金融所得などを一元的に把握し、各納税者の下で「名寄せ」してその納税者の真の支払い能力を把握することができる。それに基づいて公正な課税が実現できるだけでなく、社会保障給付を適正かつ効率的に実行できるのだ。これらは、マイナンバーの本来の目的に含まれていた。その正式名称が、「社会保障・税番号制度」とされているゆえんである。

しかし、いまだにマイナンバーの預金口座への強制的かつ一律の付番は実現していない。デジタル化した現代で、人海戦術に頼った紙媒体の手続きを進め、膨大な時間とコストをかけることがいかに馬鹿げているか、我々はコロナ禍の「デジタル敗戦」から深く学んだはずである。したがって、マイナンバーによる預金口座の強制的かつ一律の付番を実現することが、金融資産を考慮した負担を実現するための前提条件でなければならない。

さらに、税制におけるマイナンバーの活用は口座情報の把握を超えて、(1)税制全体のデジタル化による納税者（企業、個人）と、政府・自治体の納税・徴税実務の負担の削減、

⑵より適正で公正な課税の実現、さらには、⑶より迅速で確実な社会保障給付の実現、以上３点を目指す構想の中に位置づけられる必要がある。この点については、最終章の第５章で再論することにしたい。

ところで、金融資産を費用負担のあり方に反映することは、社会保険料の枠内でしか実行できないのだろうか。以上の議論はすべて、既存の社会保険料の枠内で対応することを前提とした議論であった。しかし、これ以外にも様々な可能性があるのではないだろうか。可能性として、次の３つの選択肢が少なくともありうる。

1、一定以上の資産を保有する高齢者について、医療・介護の社会保険料の利用者負担（自己負担）を現在の１割から２割や３割に引き上げる。

2、一定以上の資産を保有する高齢者について、年金、医療・介護の社会保険料の料率を引き上げる。ただし、既存の社会保険料の枠内で改革するため、保険料負担の下限と上限は現行制度の通りとする。

3、賃金ベースに報酬比例で課される社会保険料は現行制度を維持する。それとは別に、新税として金融資産や金融所得（利子・配当・賃貸料・キャピタルゲインなど）への上乗せ課税を導入し、その追加税収分を公費として社会保障財源に充てる。

これら3つの選択肢にはそれぞれ特徴がある。1は、社会保険料に関する現行制度はそのままで、高齢者の自己負担の引き上げに金融資産の有無を反映させるだけなので、制度変更はもっとも小さい。それでも金融資産の把握は必要で、前述のようにマイナンバーによる預金口座の付番が前提条件となる。金融資産は財源として位置づけるのではなく、自己負担を1割から3割で調整するための判定条件としてのみ用いる点に特徴がある。

2は、1とは異なって利用者負担ではなく、社会保険料を引き上げる点に特徴がある。いまは賃金ベースに対して同率の社会保険料が課されているが、金融資産が多いほど料率が高くなる構造に切り替わる。実現するには、1と同様にマイナンバーによる預金口座の付番が前提条件となる。もっとも、金融資産の多寡によって天引きする社会保険料の料率が異なるのは、源泉徴収を担当する企業にとって事務が煩雑になるため、その実現可能性は低いかもしれない。

これに対して3は、社会保険料については現状維持とするものの、キャピタルゲインなどの金融所得に直接賦課し、それらを財源と位置づける点で選択肢1や2とは異なっている。

全世代型社会保障構築会議での議論は、上記3つの選択肢のうち、選択肢1を念頭に置いているようだ。ただ、これでは自己負担を2割にするか3割にするかで負担の微調整は可能だが、負担のあり方に金融資産や金融所得の多寡を直接的に反映することはできない。したがって、支払い能力に応じて現役世代も高齢世代も負担するという形にはなりにくい。選択肢2についても同様の問題がある。3であれば、金融資産や金融所得への直接課税となるため、負担のあり方にそれらの多寡を直接的に反映することができる。

これは、次の第4章で紹介するフランスのCSGをモデルとする費用負担方法である。先にも述べたように、金融資産や金融所得は高齢者により多く保有されているので、結果的に現役世代への負担の偏りを是正することにもつながる。

以上を考慮するならば、全世代型社会保障構築会議は、選択肢1や2だけでなく、3についてもその可能性を真剣に検討すべきではないだろうか。国際的にも、社会保障財源を3の形で調達する国々があり、我々にとっても大いに参考になりうる。そこで、社会保障と税の公平なあり方を主題とする本書としては、次の章で3の可能性をさらに検討することにしたい。

第4章　日本型福祉国家を超えて

――社会保障財源をどう調達すべきか

1 ビスマルク型福祉国家から普遍主義的福祉国家へ

日本の社会保険制度は、国民皆保険や皆年金の仕組みを通じて国民生活を保障することに大きな成果を上げてきた。社会保険料は税収を上回る収入をもたらし、まさに社会保障の安定財源として機能してきた。

社会保険をベースとする社会保障制度は「ビスマルク型」と呼ばれるが、職域単位でリスクに共同対処する点にその基本的な特徴がある。リスク対処のため職域単位で保険制度を創設し、労使折半で社会保険料を負担することと引き換えに被雇用者は現金・サービス受給の権利をえる。年金の場合は、報酬比例で年金を受け取ることができる。

ただし、日本の社会保障制度が純粋な「ビスマルク型」でないことは、第2章で検討した通りである。広井良典氏が主張するように、(1)非サラリーマン・グループ（農林水産業従事者、自営業者）を積極的に制度に取り込み、国民皆保険や皆年金の仕組みをつくり上げたこと、(2)年金では「基礎年金」、医療では「後期高齢者医療制度」を創設することで、日本の社会保障制度の中に普遍主義の要素を持ち込んだこと、そして(3)、この(1)と(2)を実現するため財源面で、①保険制度間での支えあい（財政的に豊かな組合がそうでない組合を支える）と、②租税を財源とする公費負担の仕組みを導入したこと、以上の3点が純粋な「ビスマルク型」では見られない日本的特徴である。

この結果、日本の社会保障制度はもはや純粋な「社会保険モデル」ではなく、制度面でも財源面でも「普遍主義モデル」と「社会保険モデル」の混合形態になっている、というのが第2章の結論であった。社会保険を基礎としながらも、可能な限り普遍主義に接近する努力が行われてきた点に、日本の社会保障制度の優れた特質があると筆者は考える。

しかし、急速な少子化と人口減少の加速が、日本の社会保障制度にさらにいっそうの「普遍主義モデル」への接近を促している。子育て支援をめぐる議論のなかで、日本の社会保険制度の限界が露呈したからである。それを克服して有効な手を打つには、さらに、普遍主義にシフトする必要がある。具体的に、これまでの「ビスマルク型福祉国家」にどのような限界が露呈したのであろうか。3点に分けて説明する。

2 「ビスマルク型福祉国家」が直面する限界

1 現役世代にも社会保障を

「ビスマルク型福祉国家」の下にある社会保障制度が抱える限界の第1点目は、家族政策のニーズの飛躍的な高まりに効果的に対処しきれていない点にある。かつては、社会保障といえば加齢（年金）、傷病（医療）、介護など、主として高齢期に顕在化するリスクへの対応が大半であった。ゆえに、社会保障の主たる対象が高齢者であったのも当然である。実際、第2章でみてきたように、日本の社会保障経費の約8割はこれら3分野に充てられており、その主たる受益者は高齢者であった。

しかし1980年代には10％台だった非正規労働者の比率が、2000年代以降に全体の4割近くにまで高まるなど雇用が不安定化し、現役世代の低所得化や貧困化が進んだ。彼らが自らの雇用と所得が将来にわたって保障されるのか不安を覚えるのも無理はない。現役世代が直面するこうしたリスクに対し、社会保障は対応を迫られてきた。

欧州諸国では、居住の権利を保障するための住宅関連支出、失業した際にセーフティーネットとして所得を支える給付措置、転職支援のための職業教育訓練費（「積極的労働市場政策」）、家族手当や児童手当など家族の生活を保障するための家族関連支出など、現役世代への支出が社会保障支出のうち一定の比率を占めており、彼らも社会保障の相応の受益者となっている。

日本の社会保障も本来は、２０００年代以降に起きた経済・産業構造の変化や雇用のあり方の変化に対応し、「社会保障＝高齢者への対応」の図式から脱却して、現役世代の雇用不安への対処や、生活安定化に重点を置いた欧州型に移行すべきだった。たしかに、日本の家族関係支出も急速に増えた。だがその伸びは、高齢者向け支出の伸びに追いついていないのが実情である。

とくに子どもは私的財だと考えられ、出産・子育ては職域単位で共同対処すべきリスクとは捉えられてこなかった。そのため、社会保険の仕組みも整備されていない。ましてや租税財源を優先的に子育て支援に充てるという判断も遅れた。本格的に子育て支援への一般財源の投入が始まったのは、２０１０年の「子ども手当」導入以降のことである。こうした政策転換の遅れは、とくに若い世代の生活不安を高め、少子化の背景要因の１つになっていると考えられる。

もっとも、政府も社会保障を高齢者向けから現役世代を含む「全世代型」に転換しようとしている。政府自身による「全世代型社会保障」の定義は、高齢者だけでなく現役世代も社会保障の受益者と位置づけ、ゆえに両者とも、その費用負担者として社会保障を支えることを遅まきながらも明記した点で、画期的だといえよう。

「全世代型社会保障」の要諦は、「社会保障制度を支えるのは若い世代であり、高齢者は支えられる世代である」という固定観念を払しょくし、「全世代で社会保障制度を支え、また社会保障制度は全世代を支える」ということにある（内閣官房 2023a, p.5）。

2　支援の対象からこぼれ落ちる人々

社会保険は、給付やサービスを受ける前提として加入する。逆に言えば、社会保険に加入する資格のない人々や社会保険料を負担する資力のない人々は、給付やサービスから排除される。これが、「ビスマルク型福祉国家」の限界の第2点目である。

子育て支援をめぐる議論は、社会保険制度が社会保険の加入者に限られるという「限定性」の問題を、改めて顕在化させた。子育て支援を社会保険制度に立脚して実行しようとすると、そこからこぼれ落ちてしまう人々が大量に発生するのだ。

だからこそ、第1章でみた山崎提案は、非正規労働者、自営業者、専業主婦、学生あるいは出産退職者をカバーする、普遍主義的な出産手当や育休給付を「最低保障額」として提示したのである。政府がこのアイディアを採用できなかったのには、先述のように、次の2点があると思われる。第1は制度的な壁である。第2は財源の壁である。

第1点目の「制度的な壁」だが、社会保険にはどうしても「限定性」がつきまとう。これは、社会保険に加入し、社会保険料を負担する者のみが受給権をえられることの裏返しでもある。もし社会保険制度を拡張し、制度の網の目からこぼれ落ちる人々に給付対象を広げれば、逆に保険加入者から「なぜ費用負担しない者を助けなければならないのか」との抗議を受けることになるだろう。つまり「フリーライドは許されない」のである。ここに、純粋な社会保険制度に基づきつつ、普遍主義的な方向に舵を切ることの難しさがある。

だがここに留まっていては、少子化対策は機能しえない。最も支援を必要とする人々が、支援の対象から外れてしまうからである。第1章でみた坂元晴香氏の調査結果が示すように、少子化の背景には経済格差が存在する。とくに男性では正規雇用よりも非正規雇用、高所得者よりも低所得者、高学歴よりも低学歴の方が、明確に有配偶率が低い。彼らは自分の生活で手いっぱいで結婚に至らないか、結婚したとしても子どもをもつことを断念せざるをえない経済状況にある。

例えば、雇用保険の仕組みに立脚した育休給付は、正規雇用と一部の非正規雇用のみが対象となる。それ以外の非正規雇用、自営業者、無職者、出産退職者などは、支援の対象とならない。「加速化プラン」でこうした社会保険の仕組みを前提に支援を強化しても、保険に加入していない彼らにその支援は届かない。だとすれば、支援強化はすでに子どもをもっているか、結婚・子育ての意思がある人々への支援にはなっても、そこに辿り着かない人々には効果が及ばない。これでは、せっかく政府が大規模な予算で支援を強化しても、その政策効果は限定的とならざるをえない。

では、どうすればよいのか。もちろん、社会保険制度に包含されていない人々を支援の対象にするには、山崎提案のように公費を財源に制度を設計すればよい。だが、いつの時代も増税は困難であり、子育て支援の検討にあたっても政府は消費増税の選択肢を封印しているため、この点からも「最低保障額」の導入は放棄せざるをえなかったと考えられる。これが、第2の問題点の「財源の壁」である。

とはいえ、社会保障は主として高齢者を対象としていた時代から、いま政府が進めているように現役世代も含めた「全世代型」に移行する時代になりつつある。職域単位の社会保険に加入していない人々が社会保障の対象になる時代が、本格的にやってくる。社会保障が全世代をカバーするには、制度に「普遍性」が備わるようにしなければならない。社会保険の論理を超えて「普遍性」を実現するには、租税財源の投入が欠かせない（嵩 2017）。第2章で検討したように、日本の社会保障制度は歴史的に、以下の2つの意味で社会保険制度への公費投入を決断し、制度の普遍化を推進してきた。

第1は、高齢者を含むすべての国民に対し、文字通り普遍的で包括的な制度を構築するためである（「公費投入第1の論理」）。この考え方は、⑴医療制度における後期高齢者医療制度、⑵年金制度における基礎年金、そして、⑶介護保険制度、の3点に貫かれている。この第1論理に基づいて、3つのケースすべてで必要財源の半分が税財源（公費）により賄われることになった。

第2は、財政基盤の弱い保険組合に対する公費投入を行うことで、国民の誰もが世帯あたり同一水準の保険料負担で同一水準の給付を受けることができるようにする「再分配」の視点である（「公費投入第2の論理」）。この第2の論理に基づいて、医療制度における4つの保険グループのうち、財政基盤の弱い国保と協会けんぽに租税財源が投入されている。

しかも、財政力の弱い組合ほどより大きな比率の公費投入を行う、精巧な建てつけとなっている。

以上の背景には日本国民の強い平等志向があるのだろう。こうした平等志向に貫かれた普遍主義が「ビスマルク型福祉国家」に埋め込まれている点に日本の社会保障制度の特徴があるのだとすれば、子育て支援を含む現役世代への支援だけがその例外であってよいはずがない。全世代型社会保障の時代にふさわしい普遍的な社会保障制度のあり方を検討し、それを支える社会保険料と公費の新たな組み合わせ方を考案・実現していく必要がある。

3　より公平な費用負担を求めて

「ビスマルク型福祉国家」が直面する限界の第3点目は、費用負担の逆進性である。社会保険制度の下での費用負担方式は、「労使折半、上限付き報酬比例」という特徴をもっている。これは、職域単位でリスクに共同対処する上で優れた費用負担方式だといえる。

労使折半による負担は、加齢や傷病など、労働者が直面するリスクへの適切な対処で彼らが安心して仕事に集中でき、生産性が向上することの便益が労働者だけでなく、企業にも帰着することを勘案すると、合理的な費用負担方式である。

また報酬比例的な費用負担は、累進所得税ほどではないものの、賃金が高いほどより多くの保険料を負担する点で、応能的な負担方式となっている。原理的には、賃金水準にかかわらず定額負担とする方式や、民間保険のように加入者の個別リスクを勘案して保険料率をリスクの多寡に合わせて設定することも考えられる。これらと比較すれば、報酬比例方式の応能性は明らかだ。

しかも給付面では、年金の場合は、それが基礎年金の定額部分と厚生年金の報酬比例部分からなっているため、現役時代の賃金水準が低い人ほど、賃金総額に対する受取年金総額の比率は高くなる。この点で、年金には再分配機能が備わっている。医療の場合なら、医療サービスが患者の所得にかかわらずニーズに応じて提供されるため、年金の場合よりもさらに再分配機能は強いと推測できる。

それでも、応能負担の視点から社会保険料を見た場合、次の2点の問題を指摘することができる。第1は、保険料の負担額に上限が設定されているため、報酬比例部分では賃金に比例的な負担が実現するが、賃金が上限に達するとそれ以上は、賃金の上昇につれて逆に賃金総額に占める社会保険料負担の比率が低下する「逆進性」が発生する。

第2は、社会保険料が賃金のみに賦課ベースを置いていることから生じる問題である。

職域単位のリスク共同対処の仕組みとして社会保険が構想された当初は、労働者が得る唯一の報酬としての賃金に比例的に保険料を設定し、必要となる費用を拠出しあうことは自然な発想だったし、上述の通り、給付と費用負担とを合わせた社会保険全体の応能性を高める上ではきわめて効果的であった。

しかし次の3つの事情が、賃金のみに賦課ベースを置く社会保険料に依存し続けることの問題性を顕在化させることになった。

第1は、社会保障経費の膨張である。社会の高齢化にともなって高齢者向けの社会保障支出が拡大し続けているほか、社会保障の対象が高齢者から現役世代を含めた全世代に広がったことも、費用膨張を加速させている。これらの経費を社会保険料で賄うことは、現役世代の賃金に過重な負担を課すことになる。ただし、社会保険料の料率は上昇し続けており、社会保険料の合計料率は、2023年度についに30・12％に達した。労使折半なので、このうち半分の15％程度が、社会保険料として給与から天引きされることになる（図3－6参照）。

繰り返すが、今後、少子化で現役世代のさらなる縮小が見込まれる。総務省の人口推計によれば、生産年齢人口（15～64歳）はすでに、ピークだった1995年の8716万人

（総人口比69・5％）から2023年には約7400万人（同59・4％）まで低下、比率にしてすでに約10％ポイントも減少している。今後も生産年齢人口が大きく減少するのは確実で、縮小していく現役世代が稼ぐ賃金にのみ、膨張する社会保障費用の原資を求めてよいか、再検討すべき時期に来ている。

第2に、全世代型社会保障への移行にともなって、社会保障の費用負担を現役世代だけでなく、高齢者にも求めることにコンセンサスが形成されつつある。しかし、高齢者は退職してしまって賃金を得ていないので、賃金ベースの社会保険料だけに頼っていては、高齢者に負担を求めることが制度上、困難である。こども・子育て支援納付金はゆえに、健康保険の徴収ルートを用いて徴収することにしたため、たしかに現役世代だけでなく高齢者にも負担を求めることが可能である。だが、後期高齢者医療保険制度における高齢者自身の費用負担は、総費用の1割（軽減措置を勘案すると実質的に約7％）に留められており、現役世代との費用負担のアンバランスを十分に是正するほどの費用負担にはならないだろう。

第3に、高齢者は現役世代以上に所得や資産に格差があることが知られており、高齢者を一括りにして「高齢者vs.現役世代」の構図で費用負担のバランスを論じるのはそもそも適切ではないという問題がある。豊かな資産を保有し、配当・利子・賃貸料収入だけで十分な所得を得る高齢者がいる一方、基礎年金だけでぎりぎりの生活を営んでいる高齢者もいる。後期高齢者医療保険制度の保険料に事実上、一律に上乗せする形で納付金を徴収するのは、高齢者の保有する資産やそこから派生する所得を勘案できていない点で不適切といえるかもしれない。

このことが、全世代型社会保障構築会議で今後、金融資産を加味した社会保障の費用負担のあり方を検討することになった背景に他ならない。だが、社会保険料に金融資産を加味することで発生する困難や問題をどう克服するのか、課題は大きい。

筆者は、社会保障の費用負担を賃金ベースのみに依拠する方式から、金融資産やそこから派生する所得にまで広げ、より応能的な費用負担方式に移行することを検討するのは、以上の論拠から時代の要請にかなっており、正しい方向だと考える。ただし、それを社会保険の枠内で、つまり保有金融資産の多寡によって利用者負担を2割や3割に引き上げる、といった程度の範囲でしか検討しないのであれば、まったく不十分だと考える。その理由はすでに、第3章の終わりで指摘したとおりである。

筆者が真剣に検討すべきだと考えているのは、そこで挙げた下記の第3の選択肢、つまり賃金以外の所得と資産を社会保障の財源に引き入れ、より応能的な費用負担を構築する方途である。

【再掲】

3、社会保険料は現行制度を維持し、それとは別に、新税として賃金だけでなく金融資産（ストック）、金融所得、あるいはキャピタルゲイン（フロー）への課税（社会保障目的の付加税）を導入し、その税収を公費財源として社会保障財源に充てる。

あらゆる増税が困難に直面する中で、このような新税を構想することは非現実的だと断定するのは簡単である。だが、社会保障が全世代型に移行するということは、その便益が高齢者のみならず、あらゆる世代に行き渡ることを意味する。同時にそれは社会保障が、職域単位のリスク共同対処の論理を超えて、国民全体の生活保障を実現するための普遍的な制度インフラに転換することを意味する。そのためには、社会保険の加入者のみに限定して費用負担と便益を完結的に考えるこれまでの費用負担方式から、脱却する必要がある。

実際、他国に目を向けてみれば、すでに賃金以外の所得に着目した費用負担方式を実現している実例を見出すことができる。ここで紹介したいのは、第1にフランスのCSG、そして第2に、アメリカの「投資純利益税」である。これらには、賃金だけでなく資産性所得を社会保障財源に取り込んでいるという共通性がある。

以下では、これら2つの事例を検討し、社会保障制度がより普遍性を帯びた制度に発展するタイミングで新しい財源調達手法が導入されたことを確認する。その上で、これらの事例を参考にしつつ、日本ではどのような可能性がありうるのかを検討したい。

3 新たな税源の可能性

1 フランスの一般社会拠出金(CSG)

フランスでは1991年に、「一般社会拠出金(CSG: Contribution Sociale Généralisée)」という名の社会保障目的税が導入された。この税が目的税として設計されたのは、(1)一般財源として導入すると、予算化のプロセスで他の費目と競合し、必ずしも社会保障のための安定財源として機能しないこと、⑵目的税とすることで使途が明確になり、納税者に受け入れられやすくなること、以上２点が考慮されたためという（柴田洋二郎 2016, p.11）。

CSGの課税ベースは次のとおりである。

1、稼働所得（賃金など）および代替所得（年金など）
2、資産所得
3、投資益（1997年から）
4、くじ・カジノでの獲得金

賃金ベースのみに依拠する社会保険料に比べ、１において稼働所得（賃金）だけでなく年金など代替所得を含むことで、現役世代と高齢者の負担のアンバランスを是正できる。さらに２から４を課税ベースに含むことで、社会保険料よりもかなり広い課税ベースを獲得できるだけでなく、とくに２と３は高所得者により多く保有される所得源なので、より応能的な費用負担方式を実現できる。もちろん、２と３も高齢者と現役世代の負担バランスを、高齢者間の格差に配慮しつつ是正する要素になりうる。

ところでなぜ、フランスはCSGを導入したのか。CSG導入前のフランスにおける国民負担の特徴は、社会保険に対する依存度の高さにあった。また、税収に占める財・サービス課税の割合が大きく、反面で所得課税への依存度が小さく、全体として税制が逆進的な負担構造になっていた点にある（小西 2013, p.342）。

CSGの導入は、社会保険を新税によって置き換えることで、社会保険への依存度を減らし、稼働所得や資産性所得に基づく新税を導入することで、国民負担総体としての応能性を高めることにつながった。

実際、CSGの税率は、導入から2年半後の1993年7月に1・1％から2・4％に、その後も段階的に引き上げられてきた。これに対して、医療保険の料率は1997年に6・8％から5・5％へ、さらに1998年にはわずか0・75％へと引き下げられた。それ以降はこの水準に留められている（**表4-1**、**表4-2**）。

では、なぜ租税財源で社会保険料収入を置き換え、社会保険料への依存度を引き下げる必要があったのか。その理由は次のとおりである（柴田洋二郎 2016, p.10）。

第1は、企業の国際競争力への配慮である。社会保障費の増加に応じて社会保険料を段階的に引き上げれば企業にとっての人件費が増大し、彼らの国際競争力を引き下げる要因

表4-1　CSG率の変遷　(%)

	稼働所得	代替所得	資産所得	投資益	くじ・カジノでの獲得金
1991.2.1	1.1	1.1	1.1	1.1	—
1993.7.1	2.4	2.4	2.4	2.4	—
1997.1.1	3.4	3.4(1.0)	3.4	3.4	3.4
1998.1.1	7.5	6.2(3.8)	7.5	7.5	7.5
2005.1.1	7.5	6.2/6.6*(3.8/3.8)	8.2	8.2	9.5
2011.1.1	7.5	6.2/6.6*(3.8/3.8)	8.2	8.2	6.9/9.5**
2018.1.1	9.2	6.2/8.3*(3.8/3.8)	9.9	9.9	8.6/11.2**

［注］カッコ内は、低所得者に対する軽減税率である（1997年までは軽減税率なし）
＊「/」の左は一時的な就労不能に基づく代替所得（失業手当、休業補償手当等）、右は職業生活からの引退に基づく代替所得（老齢年金、拠出制障害年金等）
＊＊「/」の左はくじでの獲得金、右はカジノでの獲得金
［出所］柴田（2019）、p.14、表2

表4-2　一般制度の医療保険料率　(%)

	1987.7.1	1991.7.1	1993.7.1	1997.1.1	1998.1.1	2016.1.1	2017.1.1	2018.1.1	2019.1.1
被用者負担	5.9	6.8	6.8	5.5	0.75	0.75	0.75	—	—
使用者負担	12.6	12.6	12.8	12.8	12.8	12.84	12.89	13.0	7.0/13.0*

＊「/」の左は賃金が最低賃金（SMIC）の2.5倍以下の被用者分、右は賃金がSMICの2.5倍より大きい被用者分
［出所］柴田（2019）、p.14、表1

となる。そこで社会保障費が膨張してもこれ以上、事業者負担分の料率が引き上げられないよう配慮する必要があった。

第2に、賃金ベースの社会保険料では、高所得者にその支払い能力に応じた負担を課すことができない。ゆえに逆進的な社会保険料の被用者負担分をCSGで置き換えることで、社会保障の費用負担をより応能的に改革することができる。

第3に、社会保障の支出対象が、職域単位でリスクに共同対処すべき範囲を超えて広がっていったため、そのまま放置しておくと社会保険の加入者にとって、その費用負担と便益が見合わないといった事態が発生しかねなかった。そこで、社会保険料を租税財源で置き換えることで、財源を社会保険の加入者以外に広げることにした。つまり、社会保障が及ぼす便益の広がりに応じて、その費用負担を社会保険の加入者だけでなく、より広範な人々に求めることが望ましいとの判断に至ったのだ。これは、フランスでは「職域連帯から国民連帯へ」の概念の下に正当化される。

CSGは1991年の創設以降、段階的に税率が引き上げられるとともに課税ベースが広げられていった。その代わりに、社会保険料の被用者負担分の料率は、1991年の6・8%から1998年の0・75%へと大胆に引き下げられていった。また、社会保険料の使用者負担分は1991年の12・6%から2019年の13・0%に微増しているが、CSG導入当初の意図通り、ほぼ横ばいで料率上昇を抑え込むことに成功している。この結果、医療保険の財源構造は大きく変化した（柴田 2019, p.13-15）。

また、「医療保険全国金庫（CNAM）」の総収入に占める保険料収入の割合は、1990年代半ばまでは90%以上だった。ところが2000年以降、その比率は大きく低下した。

表4-3　1968年から2007年の医療保険全国金庫（CNAM）*の収入の構造

（%）

	1968	1970	1975	1980	1985	1990	1995	2000	2007
社会保険料	98.4	98.8	97.1	97.1	94.5	94.2	92.4	53.4	48.5
うち使用者負担保険料				64.4	62.8	61.6	57.0	49.9	
うち被用者負担保険料				32.7	31.7	32.6	35.4	3.5	
CSG								34.6	36.9
他の租税	0.3	0.5	0.4	0.4	2.4	1.6	1.7	4.1	9.9
国家負担の社会保険料					0.1	0.5	1.2	1.2	1.2
FOREC**の保険料負担								3.8	—
公的拠出金					1.0	0.9	1.0	0.5	0.3
その他	1.3	0.7	2.5	2.5	2.0	2.8	3.7	2.4	3.2

＊ CNAMは、一般制度の医療保険の保険者

＊＊ 使用者負担保険料改革財源基金（FOREC）は、2000年に創設された、税収を財源として使用者負担保険料の減免分を補填する財源を供給する公的施設（2004年に廃止）

［出所］柴田（2019）、p.15、表3

2007年時点で保険料収入は、医療保険を支える財源の50%を切る水準にまで低下した（**表4-3**）。

代わってCSGが台頭し、同年にその比率は35%を上回ったほか、税収全体では46・8%に達した。2019年時点では、保険料収入の比率はさらに低下して全体の3分の1強、他方で税収は50%以上（CSG単独でおよそ3分の1）を占めることが見込まれているという。

もっとも、CSGは無限定に充当範囲を広げているわけではない（柴田 2017, p.17）。CSGが充当

されるのは、①一般化と普遍化を達成した給付（家族手当、医療保険の現物給付）の財源と、②所得条件付で支給される非拠出制給付（老齢連帯基金）の財源となっている。これらは職業活動が受給要件とされておらず、稼働所得を補償するための給付ではない。したがって保険原理を適用するのが相応しくない支出にCSGが充てられていることから、論理的な整合性は取れている、というわけである。

残る0・75％の医療保険料率で徴収される収入は、休業時の所得を保障する傷病手当金として給付される。これはまさに、職域単位で生じるリスクに共同対処する社会保険の論理に整合的なため、保険の枠組みが維持されている。

フランスでは、こうして社会保障財源における租税の重要性が高まることを「租税化」という。CSGが導入された背景理由として、社会保険料負担の高騰を抑え、企業の国際競争力に配慮すること、そして費用負担をより応能的な方向に切り替えていくことを強調しておいた。だがもっと重要な理由として、社会保障の「普遍化」と「一般化」が挙げられる（ボルジェット 2020）。

ここでいう「普遍化」とは、社会保障の適用を全国民に及ぼすことであり、「一般化」とは、全被用者に社会保障を適用することだとされている。

日本と同様、「ビスマルク型」の社会保険モデルを採用していたフランスの社会保障は、やはり「限定性」の問題を抱えていた。そこで彼らは「普遍化」、つまり社会保障の適用範囲を、社会保険がカバーする範囲を超えて拡大し、全国民を包含しようとした。そうすると、本来は社会保険を適用できない人々にまで社会保障を提供するのだから、それにともなう追加費用を社会保険料収入から流用するわけにはいかない。そこで、追加費用を賄う新しい財源調達手法として、租税財源が注目されることになった。ボルジェット氏によれば、こうした普遍化に向けた動きは、すでに1970年代にスタートしていたという。

だが、租税化と普遍化がCSGの導入とともに本格的に推進されていくのは、独協大学外国語学部准教授の尾玉剛士氏によれば、1990年代半ば以降である（尾玉 2018, p.426-427）。1991年に導入されたCSG税収は当初、社会保険の対象とはなっていない家族手当の財源に充当された。1993年には、新設された老齢連帯基金（現役時代に十分な保険料を納められなかったために過少年金の状態に陥った高齢者に最低所得保障給付を実施するための財源）にも充てられるようになった。

これも、社会保険の枠内では対処困難な問題を、CSGという租税財源で解決した事例である。しかも、CSGによる社会保険の代替はここに留まらなかった。さらにその後、医療保険のCSGによる代替が行われた。

ジュペ内閣（1995～1997年）以降に、医療保険料のCSGへの代替が進んだという。1997年の社会保障財政法によって、CSGの税率は2・4%から3・4%に引き上げられ、課税ベースが賭博益にも拡大された。これによる増収分は、医療保険の財源に充当された。背景には1990年代以降、医療保険の給付が全国民を対象としている以上、保険料ではなく租税財源でそれを支える（「医療保険の国家化」を推進する）点で、左右の政党間コンセンサスが形成されていたことが大きいという。ただし労働組合は、医療保険に対する管理権の喪失を意味するので反対していた。

1997年に成立したジョスパン左派連立内閣は、こうした変化をさらに推し進めた。1998年の社会保障財政法によって、CSG税率は3・4%から7・5%まで一気に引き上げられ、その代わり、医療保険の被用者負担分の料率が先述のように、5・5%から0・75%まで劇的に引き下げられた。

「普遍化」という点で大きな画期をなすのは、1999年にジョスパン内閣の下で創設された「普遍的医療保障制度（CMU）」である（ボルジェット 2000, p.97-98；尾玉 2018, p.430-432）。

尾玉氏によればCMU導入によって、約15万人も存在していた無保険者を公的医療保険制度に加入させた。また、補足医療保険に加入していない月収3500フラン（日本円で約6万6000円）以下の人々に補足CMUを無償で適用し、公費を財源として、医療機関における自己負担の免除措置が取られた。低所得者に対する自己負担免除措置を大規模に導入したことで、医療機関へのアクセスの実質的な平等化が進められたと評価されている。

ただ、無保険者の待遇改善（「普遍化」）にともなう新たな費用を、既存の医療保険の加入者に負わせるわけにはいかない。そこで、この経費をCSGが担うことになった。CMUが導入された翌年の2000年には、「医療保険全国金庫」の総収入に占めるCSGの比率は1995年の0％から一挙に34・6％に跳ね上がった。つまり、フランスにおける社会保障の「租税化」が進む背景には、給付内容の「普遍化」が先行的に進んでいたという事情がある。

結果として、フランスの医療保険制度では、社会保険料を財源とする職域ごとの社会保険という職域連帯の論理が薄まり、税財源による普遍的な給付という国民連帯の論理が強まることになった。名称としては医療保険のままだが、財政面に関しては税財源によって普遍主義的な医療保障を達成しようとする、イギリスや北欧の医療保障制度に接近したと尾玉氏は評価する（尾玉 2018, p.431-432）。

2 アメリカの投資純利益税

アメリカでは、オバマ政権が２０１０年に成立させた「医療保険制度改革法（The Patient Protection and Affordable Care Act）」（いわゆる「オバマケア」）の財源確保のため、２０１３年に納税者の投資純利益に３・８％の税率で課税する「投資純利益税（NIIT: Net Investment Income Tax）」が導入された（伊藤 2021）。

オバマケアの導入は、アメリカの医療制度史、あるいは医療政策史に残る画期的な出来事であり、「１００年に1度」ともいえる歴史的偉業を成し遂げたと評価されている（天野 2013, p.i）。

アメリカにおける医療保険の制度上の最大の課題は、多数の無保険者が存在していたことであった。公的保険制度は65歳以上の高齢者、そして障がい者などをカバーするメディケア、18歳までの児童や低所得者をカバーするメディケイドとＣＨＩＰなどに限られており、それ以外は雇用主が提供する保険に加入するか、個人で民間保険に加入しなければならない。

だが、職場が雇用保険を提供していなかったり、労働者自身が保険料負担を避けるために加入を辞退したり、あるいは非正規労働者であるため、そもそも加入資格を満たさなかったりして無保険に陥る労働者たちが多かった。こうした労働者たちは、ブルーカラー層に多いという。また、低所得者や中間層ですら、保険料負担の高さを避けて加入しなかったり、既往症などを理由に加入を拒否されたりして無保険者に陥る例が後を絶たなかった。

無保険者は１９９０年代から２０００年代にかけて増え続け、オバマ政権による改革時点で４８６１万人（全労働者の15・7％）にも達していたという。無保険に陥ると医療へのアクセスが極端に制限され、健康を害しても医療機関にかかるのを回避しがちになるので、健康がより悪化する。やむをえず医療機関にかかる場合は、高額の医療費を請求されても支払うことができず、さらに貧困に陥る悪循環に見舞われる。こうした状況は、アメリカ社会における格差拡大を象徴する病理となっていた（天野 2013, p.63-75）。

歴代の政権は、この問題を解決しようとしてもうまくいかないことの繰り返しであったが、１９９０年代前半にクリントン政権（第1期：１９９３-１９９７年、第2期：１９９７-２００１年）は、医療保険改革を最重要公約に掲げてこの難題の解決に挑んだ。

1993年9月に提出されたクリントン政権の改革案は、①国民皆保険の導入、②企業に対する医療保険提供の義務化、③新設の地域保険連合を通じた保険加入、④民間保険間の競争などを通じた医療費の抑制、といった要素を含む、画期的だがきわめて野心的な内容であった（李・澤井 1994）。

しかし法案に対しては、野党共和党だけでなく与党民主党内でも反対の声が強く、議会外では、業界団体を巻き込んだ激しい反医療制度改革キャンペーンが行われた。結局、1994年9月、民主党の議会指導部は法案成立を断念することを表明、クリントン政権の医療保険改革は失敗に終わった。

これに対してオバマ政権は、公的介入色の強い国民皆保険制度の導入を目指してグランドデザインを描くことにこだわらず、現状妥協的なアプローチを選んだ。共和党の反対は相変わらずだったが、完全ではないにしても民主党内の結束を保てたことで、改革法案を成功裏に可決に導くことができた（松本 2015）。

その要点は、既存の雇用主が提供する保険はそのまま残し、⑴無保険者には、低所得者向けの医療保険制度であるメディケイドの受給資格を緩和して公的保険に加入させることにしたこと、⑵メディケイドの受給資格も満たさない人々には、公的補助金を提供することで民間医療保険への加入を促したこと、以上の2点である。これらの方策によって政権は、実質的に皆保険を達成することを目指した。

このようにオバマ政権はクリントン政権と異なって、大改革を行う代わりに既存の医療保険の仕組みを残し、そこから漏れる人々には、連邦政府がより積極的に関与して保険加入を促す温和なアプローチをとった。そしてそれが、成功要因となった。

こうした現状妥協的なアプローチにもかかわらず、オバマケアがアメリカの医療制度史において、普遍主義へ向けた画期的な一歩を印したと評価できるのは、それが下記の要素を含んでいるからである（山岸 2014, p.194-199）。

雇用主への義務づけ

法案は、50人以上の被用者をもつ雇用主に被用者への医療保険の提供を義務づけた。これらの義務の履行を怠る場合には、会社にはフルタイムの被用者1人あたり2000ドルのペナルティが科される。

個人への義務づけ

雇用主から保険を提供されない場合や、自営業者などは、雇用主への保険提供の義務化では問題を解決できない。そこで個人に対して、民間保険への加入を義務づけるとともに、彼らへの財政支援を提供することにした。

民間医療保険への規制強化

個人が保険に加入しようとしても、民間保険者がそれを拒否すれば実効性をもたない。そこで連邦政府は民間保険者に対し、健康状態や既往症を理由に保険への加入を拒否することを禁じ、年間と生涯における保険金支払いに上限を設定することを禁じたのである。

議会予算局（CBO）の見積もりによれば、この改革により無保険者は約5400万人から約2200万人へと6割削減されることになる。しかし、そのための支援は高くつく。2010年3月、議会予算局はオバマ改革に必要な費用を10年間で9380億ドルであると試算した。そのうち半分に相当する約5000億ドルは、メディケア関連費用の削減（伸び率抑制）によって捻出することとされたが、残る半分を賄うには、新たな財源の開拓が必要となった。そしてそれが、投資純利益税の導入につながったのである。

アメリカの社会保障はもともと、賃金比例の社会保険料によって、その財源が調達されてきた。正式には「連邦保険料法税（Federal Insurance Contributions Act）」と呼ばれ、通称では「賃金税（Payroll Tax）」として、雇用主と被用者から賃金に対して労使折半で15・3％が徴収されている。連邦政府に与えられた権限内でこれを実施している関係で「税」と呼ばれているが、"Federal Insurance Contributions" という名称や機能から言っても、実質的には社会保険料と同じである。

15・3％の税率の内訳は、①社会保障年金部分の税率が12・4％、②65歳以上の高齢者および障がい者などを対象とする、公的医療保険制度であるメディケアの財源を賄う「メディケア税（Medicare Tax）」の税率が２・９％となっている。

これに対して新たに導入された投資純利益税は、伝統的に賃金ベースに対して労使折半で負担を課してきた賃金税やメディケア税とは異なって、資産性所得に負担を課すものとなる。課税の対象となるのは、下記１か２のいずれか小さい方の金額となる。

1、投資純利益
2、所得を合算した修正後調整総所得のうち一定額超過部分の金額

→夫婦合算申告者または未亡人：$250,000
→夫婦個別申告：$125,000
→その他の申告資格：$200,000

投資純利益の中身は、下記①から③の合計金額から、所定の所得控除項目を差し引くことで計算される。

①利子・配当・年金・使用料・賃貸料など（ただし、通常の営業もしくは事業の過程から稼得された所得を除く）からの総所得
②消極的活動または金融商品もしくはコモディティ取引の営業もしくは事業からの総所得
③事業用資産を除く財産の売却処分に起因する課税所得計算に算入された純利得

以上のように、投資純利益税は富裕層の資産性所得全般を幅広く課税対象としているため、様々な資産への投資行為に対して中立的である。また事実上、所得税への付加税として導入され、所得税の課税対象以外の所得には課税しないため、追加的な徴税コストがか

からないというメリットもある。

ここで投資純利益税を取り上げるのは、２つの意味がある。第１は、それが賃金ではなく資産性所得に課税することで、社会保障における新たな財源調達はもちろんのこと、その応能性を高める機能を果たしている点である。これは、報酬比例型で負担を課す「ビスマルク型」の財源調達方式からの乖離を意味する。

第２は、オバマケアによってアメリカの医療保険制度が「普遍化」されるタイミングに合わせて、それに必要な費用を賄う役割が投資純利益税に与えられた点である。無保険者を民間保険に加入させるために必要となる財政支援金を、既存の社会保険料（税）収入を流用する形で賄うのは筋が通らない。その財源は租税によって調達するほかない。こうして、社会保障の「普遍化」は必然的に、その財源調達方式の「租税化」をともなうのである。

ところで、租税財源といっても様々な税源がありうるが、どういう経緯で投資純利益税が浮上したのであろうか。オバマケアの導入にあたって当初、米国議会下院は高所得者の高額所得部分への段階税率（１％、１・５％、または５・４％）の付加税を提案していたという。他方で上院は、いわゆるキャデラック税（医療費の伸びを抑制するための高額医療保険料への流通税）を提案していた。

その後、両院で法案の修正協議が行われる中、２０１０年2月にオバマ大統領から（投資純利益税の前身となる）非勤労性所得（利子、配当、年金所得等）への２・９％の追加課税の提案がなされた。これを受けて、翌3月にオバマ政権下で成立した医療保険制度改革法において、投資純利益税が位置づけられることになったという（伊藤 2021, p.40-41）。

フランスと同様にアメリカにおいても、社会保障の「普遍化」が財源調達面における「租税化」を招き寄せた瞬間であった。

3 日本における新たな社会保障財源の可能性

以上、社会保障財源の「租税化」に関するフランスとアメリカの動きを見てきた。また、「租税化」の背景には、社会保障の「普遍化」へ向けた動きがあり、従来の社会保険の枠内での対応が困難になった結果、新たな財源獲得への途が切り開かれたことも確認した。同様の潮流は日本をも巻き込んでおり、筆者は、社会保障財源の「租税化」に向けた検討が日本でも避けられないと考えている。

その理由として第1に、全世代型社会保障への移行を挙げることができる。職域単位でのリスクへの共同対処を目的に導入された社会保険の受益者が、主として高齢者であり、社会保障関連の財政支出も大半が年金、医療、介護の3領域で占められている。そのため、必然的に高齢者向けの支出となる。これは、現役世代に対しても家族、住宅、雇用など様々な形で支援を行い、それなりの規模の予算を割いている欧州諸国ときわめて対照的である。その日本でも、子育て支援のように現役世代に対する支援の必要性が増している。

これら現役世代への支援ニーズを満たそうとすると、既存の社会保険の枠組みを超えるプログラムを開発し、新規の財源を開拓しなければならない。新しいニーズを既存の社会保険の枠内に押し込んで解決を図ろうとすると、ニーズがあっても保険の論理で割り切れないものについては、どうしても切り捨てざるをえなくなる。つまり、普遍性を犠牲にせざるをえなくなる。これは、出産・育休にともなう山崎提案の「最低保障額」が結局、加速化プランでは採用されなかった点に典型的に表れている。

第2として、社会保険の費用負担をより応能的に改革していく圧力が高まっている点が挙げられる。こうした議論が出てきた背景には、膨張する社会保障費用を賄うため社会保険料率を引き上げねばならないが、単純に引き上げると逆進性が強まって低所得者層の生活困難を引き起こしかねない。しかも、現役世代の負担をさらに重くしてしまう。これを避けるには、比較的裕福な高齢者に、これまでより多くの費用を負担してもらう工夫が必要になる。それが、社会保険の費用負担に関する「金融資産の加味」の意味である。

社会保険の枠内で問題解決を図ろうとする限り、こうした方向に動くことは避けられないかもしれない。しかしこれは他方で、社会保険の費用負担方式に関する根本的な矛盾を引き起こしかねない。

つまり、社会保険の費用負担原理から言って、保険料負担は、リスクに見合った対価を徴収するのが基本である。もちろん、民間保険と異なって厳密に個人ごとにリスクと費用負担を合致させる必要はないし、所得再分配の機能を内蔵している点に、社会保険と民間保険の大きな違いがある。だが、社会保険料の拠出にわざわざ上限が設けられているのは、高所得者の保険料がそのリスク、あるいは便益（給付）とあまりにもかけ離れた重い負担を負わされるのを防ぐためである。

社会保険の費用負担に金融資産を加味することは、社会保険のこうした費用負担原理からの逸脱を意味するのではないか。負担方式に金融資産をどう反映させるかを検討する厚労省社会保障審議会の資料に、「医療保険において金融資産等の保有状況を反映することに対する理屈をどのように整理するか、といった整理すべき論点がある」とされているのは、このことを念頭に置いた記述だと思われる（厚生労働省保険局2020, スライド1枚目）。

以上のように述べたからといって、筆者は、費用負担の応能化に反対しているわけではない。むしろ賛成である。ただし、それを社会保険の枠内でのみ実現しようとすると、別の困難が生じるため、問題視しているのである。これが第3点目である。

新たな困難の1つは上述のように、それが社会保険の費用負担原理からの逸脱を招いてしまう点にある。もう1つは、社会保険の枠内で応能負担を実現するのは制度設計上、限界があるという点である。

社会保障の費用負担に応能性をどのように組み込むかについては、すでに第3章で検討を行った。選択肢を再掲すると、次の3点になる。

【再掲】

1、一定以上の資産を保有する高齢者について、医療・介護の社会保険料の利用者負担（自己負担）を現在の1割から2割や3割に引き上げる。

2、一定以上の資産を保有する高齢者について、年金、医療・介護の社会保険料の料率を引き上げる。ただし、既存の社会保険料の枠内で改革するため、保険料負担の下限と上限は現行制度の通りとする。

3、賃金ベースに報酬比例で課される社会保険料は現行制度を維持する。それとは別に、新税として金融資産や金融所得（利子・配当・賃貸料・キャピタルゲインなど）への上乗せ課税を導入し、その追加税収分を公費として社会保障財源に充てる。

1と2は、現行の社会保険料の枠内で、より応能的な負担構造を実現しようとする点に特徴がある。その手法は、利用者負担や保険料の料率を、保有資産の多寡に応じて、例えば3段階程度に差別化することになるだろう。金融資産はあくまでも、これら両者を差別化する際の参考情報として活用されるにすぎない。このことは、金融資産が十分に大きい場合も、それに応じて負担を十分に引き上げることは難しいことを意味する。負担額は基本的に、「診療費の一定率（1〜3割）」、あるいは「賃金比例」で決まってしまうため、それを多少、金融資産の多寡で差別化したところで、負担構造を大きく変革できるわけではない。

金融資産や金融所得に直接的に課税する3であれば、それらの多寡に連動して負担を柔軟に増減させることができる。つまり、より応能性に適った負担構造を実現できる。1や

2は、間接的にしか金融資産の多寡を負担構造に反映できないため、社会保障の費用負担構造を、より応能的に改革する手法としての有効性はきわめて限定される。

以上を踏まえると、日本の膨張する社会保障の費用負担をより応能的に、そして高齢者と現役世代の負担バランスを是正する方向に変革するなら、フランスのCSGやアメリカの投資純利益税を参考にしつつ、金融資産や金融所得に課税する選択肢3を追求するのが望ましい。もっとも、3を実行に移すのは容易ではない点、留意する必要がある。

実際、岸田文雄首相は就任早々、金融所得への課税強化を試みたが、頓挫した。そのきっかけは、いわゆる「1億円の壁」の是正を訴えて首相が2021年9月の自民党総裁選に出馬し、勝利を収めたことであった。「1億円の壁」とは何か。これは、日本の所得税の（平均）負担率が所得1億円でピークを打ち、それ以上は所得が高くなるほど逆に負担率が下がる逆進的な構造となっていることを指す（**図4-1**）。

なぜ、こんなことが起きるのか。鍵は、金融所得にある。図の棒グラフで示される「金融所得割合」の網掛け部分に注目いただきたい。これは、総所得を100%としたときの総所得に占める金融所得の割合を示している。所得が1億円を超えると、金融所得割合が急速に上昇していくことが分かる。

図4-1　申告納税者の所得階層別所得内訳と所得税負担率

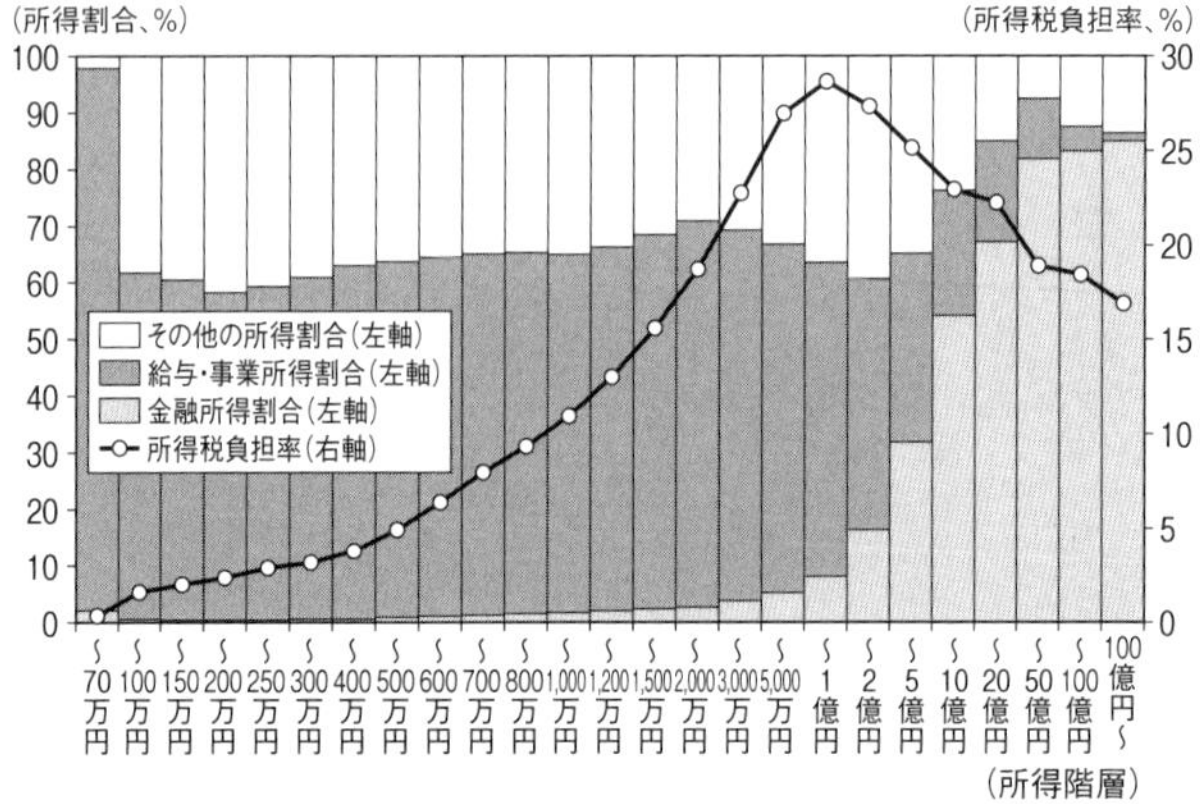

［注］「所得税負担率」＝(申告納税額＋源泉徴収額)÷合計所得
「金融所得割合」＝(利子所得＋配当所得＋株式等の譲渡所得等)÷合計所得
「給与・事業所得割合」＝(給与所得＋営業等所得＋農業所得)÷合計所得
［出所］熊倉・小嶋（2018）、p.127、図18

金融所得に適用される税率は、一律20％の比例税率である。ところが給与など労働所得に適用される税率は、最高限界税率55％までの累進的な構造となっている。つまり、高所得者層では労働所得税率よりも、金融所得税率の方が低くなっている。ゆえに、所得に占める金融所得の割合が高まるほど、所得税の平均負担率が下がる結果となる。

これは、より負担能力のある人がより多くの税負担を負うべきだとする「垂直的公平性」を満たさないだけでなく、同一所得ならば同一の税負担を負うべきだとする「水平的公平性」にも適っていない。

岸田首相はそこで、金融所得に対する税率を例えば現行の20％から25％に引き上げるなどして課税を強化し、所得が１億円以上になると所得税の負担率が下がる状況を是正しようと提起した。だが、総裁選の勝利から岸田政権の発足にかけての期間、株価は下がり続け、「岸田ショック」とすら呼ばれた。金融所得を課税強化する方針が、株価下落を引き起こしたとの誹《そし》りを受けたのだ。証券業界や金融市場関係者からの反対の声も強まった。慌てた首相は結局、金融所得への課税強化の方針を取り下げた。

だが、これで終わりではなかった。翌２０２２年冬に、２０２３年度の税制改正に向けた議論が本格化する中で、新たな提案が俎上に上ってきたからである。それは、税負担が一定水準以下に落ち込まないよう歯止めをかける「ミニマム税（最小限課税）」の発想に立脚するものであった。

財務省主税局が作成した原案を、筆者も属する政府税制調査会で複数回にわたって議論したが、「こういうやり方もあるのか」と驚いたことを覚えている。金融所得税率を引き上げるアイディアが頓挫した以上、同じものを再度提示しても展望は開けない。そこで財務省は改めて、所得１億円超の納税者１・９万人の所得総額である５・６兆円の中身を分析し、それが上場株式の売却益（14・4%）、非上場株式の売却益（27・4%）、土地・建物の売却益（21・3%）、給与所得（19・3%）、その他（17・6%）と、多様な所得源から構成されていることを明らかにした。ならば、金融所得に絞って課税強化するよりも、これらの所得を合算した総所得に対してしっかり課税するほうが効果的である。

正式には「極めて高い水準の所得に対する負担の適正化」措置と名づけられた新たな課税手法は、稼得所得が一定額を超える者について、まず次の2種類の税額を計算する。第1は、「通常の計算を行って算出された所得税の税額（①）」であり、第2は、「これ以下であってはならないというミニマムの税額（②）」である。次に、①と②を比較して前者が後者を下回る場合、②から①を差し引いた差額分の申告納税を求める。結果的に、納税額がミニマム税額を下回ることはないという意味において、「ミニマム税」と呼ばれる。

こうした発想の課税は、アメリカだと「代替ミニマム税（Alternative Minimum Tax: AMT）」として存在するが、日本では今回が初めてのことである（神山 2023）。ここでいう所得とは、金融所得だけでなくあらゆる所得を合算した金額を指す。その点では、金融所得に限った課税強化から、富裕層に絞って、その合算所得に課税するアプローチに転換したということができる。

その具体的な中身は、次のとおりである（財務省 2023b）。まず、課税にあたっては以下の2種類の所得税額を計算する。

①通常の所得税額
②ミニマム税額（合計所得金額－特別控除額［3・3億円］×22・5％）

ここで、ミニマム税額を算出する際に用いられる「合計所得金額」とは、株式の譲渡所得のみならず、土地建物の譲渡所得や給与・事業所得、その他の各種所得をすべて合算した金額となる。ただし、スタートアップ再投資やNISA関連の非課税所得は対象外となっている。また、政策的な観点から設けられている特別控除を差し引いた後の金額でもある。

次に、①の通常の所得税額と②のミニマム税額を比較する。そして、①が②を下回る場合には、①と②の差額分を申告納税しなければならない。

①と②の関係が描かれたのが、**図4-2**である。縦軸に所得税負担率、横軸に合計所得金額がとられている。すでに説明したように、通常の所得税額（①）の下では、負担率は

図4-2 「極めて高い水準の所得に対する負担の適正化措置」のイメージ

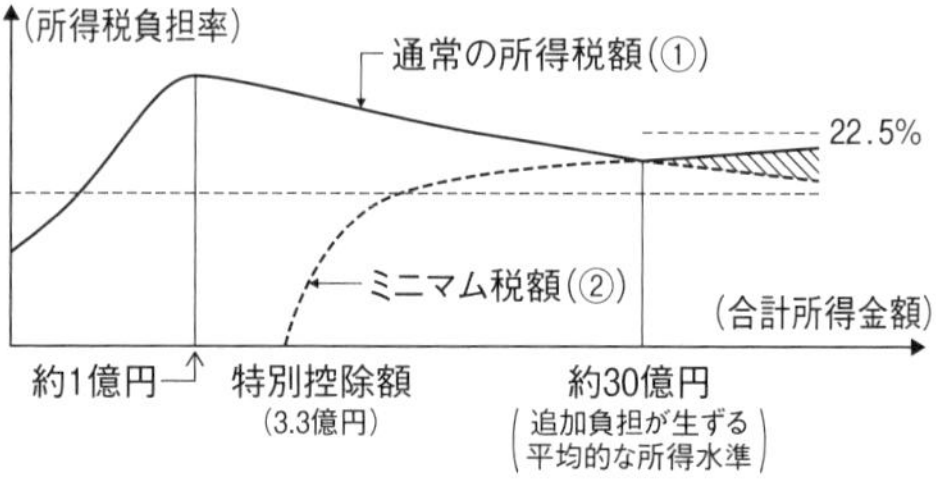

※令和2年分の申告データを用いて機械的に試算
［出所］財務省（2023b）、p.236

合計所得金額が1億円までは上昇するが、それを超えると逆に低下していく。

これに対してミニマム税額（②）は、合計所得金額から3・3億円を特別控除して算出するので、それが3・3億円未満であれば課税が発生しないし、それ以上の合計所得であれば、22・5％の税率でミニマム税が課される。合計所得金額が大きくなるほど、特別控除の3・3億円を差し引いた後の金額が大きくなっていくので、それに税率22・5％をかけたミニマム税額もまた増加していく。図の点線で描かれているように、最終的には、ミニマム税額（②）の負担率は22・5％に漸近していくことになる。

以上を準備した上で、①の通常の所得税額と②のミニマム税額を比較する。①が②を下回るのは合計所得金額が約30億円以上の場合となる。この図では、②から①を差し引いた差額が斜線の面積で示されているが、これがミニマム税の税収となる。

以上が、ミニマム税の概要である。「1億円の壁」の問題を解決する第1歩として、ミニマム税という新たな課税手法が導入されたことの意義はきわめて大きい。たしかに金融所得課税の強化は有効である。だがそれは、金融投資に対する税引き後収益率を低下させるので、投資家の投資判断に影響を与え、場合によっては株式市場の株価形成にも影響を与えてしまう。また、金融投資の収益に対する最初の一単位から課税するので、どんなに小規模でも投資しさえすれば、低所得者や中間層であっても必ず課税される。

これに対してミニマム税は、合計所得金額が3・3億円以上ないと課税されないので、低所得者や中間層が課税されることはない。また、様々な所得源から得られた合計所得額に課税するので、金融所得に絞って課税強化する場合に比べ、様々な投資活動に対して中立的な税制として設計できるというメリットもある。

他方、「1億円の壁」を是正する課税手法としては、ミニマム税はまだ力不足である。東京財団政策研究所研究員の岡直樹氏が、日本のミニマム税とアメリカの投資純利益税を比較している（**表4－4**）。

課税の発生する閾値（所得水準）は、日本が3億3000万円であるのに対し、アメリ

表4-4　日本のミニマム税とアメリカの投資純利益税

	超富裕層ミニマム税（日本）	投資純利益税（米国）
対象者	個人	個人（米国市民及び居住者）
税の仕組み	ミニマム税・トップアップ課税（ミニマム税との差額分を追加）	追加課税（通常の税に加えて課税）
対象所得	限定されていない	資産性所得（利子、配当、賃貸料、投資所得、譲渡所得）
税率	ミニマム税率22.5%（最高税率45%の半分？）	税率3.8%（賃金に対するメディケア税の合計に等しい）
閾値	3億3千万円超	20万〜25万ドル超
主旨	きわめて高い水準の所得に対する負担の適正化。令和5年度税制改正で導入（2025施行）	オバマケア（高齢者の公的医療）の財源として議論。2011年医療保険改革法で導入。社会保障財源を勤労所得から資産性所得に広げた意味もある
規模感	300人、550億円（2021年データに基づく推計）	543万人、282億ドル（3.7兆円）（2019）

［出所］岡（2023）、表2

カは20万から25万ドル（約3000万〜約3750万円）となっている。

日本では、閾値が非常に高い水準に設定され、課税対象がかなり絞り込まれることが分かる。アメリカでは納税者が543万人、税収は282億ドル（3・7兆円）に上るのに対し、日本では納税者数がたったの300人、税収は550億円に過ぎない。人口規模の違いを考慮しても、日本の課税規模がいかに小さいかが分かる。生まれたばかりの日本のミニマム税は、まだ「象徴的」といってよい課税規模の段階にある。

だからといって、日本のミニマム

税はこれで完成形というわけではないだろう。筆者はこの税が、金融所得課税に対する批判をいったん受け止め、再出発する形で提示された日本で初めてのミニマム税であり、その本格的な形態に至る前の「プロトタイプ（前駆形態／試作品）」だと理解している。

この税は将来に向けて、いくつかの拡張可能性がある。1つは特別控除額の3・3億円を段階的に引き下げていく方途である。3・3億円という閾値は、それが3000万円超に設定されているアメリカと比べても約10倍ときわめて高い。これが、ミニマム税による追加負担が所得30億円以上の部分でしか発生せず、この適正化措置がわずか300人にしか適用されない主因となっている。

もう1つはミニマム税率を段階的に引き上げていく方策である。現行の22・5％は、所得税の最高限界税率の半分の税率ということから設定されたようだが、厳密な理論的根拠があるわけではなく、むしろ所得1億円超から30億円までの間で逆進的となっている負担構造を、依然として許容してしまう結果となっている。この点はさらなる改善が必要であり、またそれは可能である。

当面、まずは小規模なミニマム税の施行を通じて徴税側と納税側が、この新しいタイプの税に習熟し、理解を深める一定期間が必要であり、その後、この税がどの程度「1億円の壁」の是正に効果を発揮しえているのかを検証しながら、段階的に拡張していくことが望ましいと考えられる。

その際に、この税の拡張を日本の社会保障費用の「租税化」や「応能化」と結びつけて議論することが避けられないと考えている。ミニマム税を目的税化するかどうかはともかくとして、それをフランスのCSG、アメリカの投資純収益税と並ぶ、日本における社会保障の有力な財源調達手段として位置づけることを意味する。同時に、それが高所得者の資産性所得に対して課税する有効な手法であることから、社会保障財源の「応能化」に向けた3（166頁の【再掲】）の具体化としても、ミニマム税を位置づけることになる。1や2に比べて、ミニマム税を拡張する方がよほど、応能性にかなう費用負担を実現できるだろう。

歴史的には、国家的危機に対応して発生する大きな財源ニーズを満たすべく行われる新規財源の開拓が、税制イノベーションを引き起こしてきた。所得税の誕生と発展の歴史がまさに、そのことを示している。戦争の勃発は国家的危機の最たるものだ。戦費調達という巨大な財源ニーズこそが、所得税という新しい税を産み出し、それを育てることにつながった（諸富 2013a）。

人口の高齢化や少子化、格差拡大による社会保障財源ニーズの高まりは戦争より緩慢だが、ある種の国家的危機に他ならない。だが、巨額の財源ニーズをすべて逆進的な形で賄うことはできない。これも歴史からの教訓だが、巨額の財源ニーズを満たす努力は必ずといってよいほど、税制における応能性を高める何らかの要素をともなっているものである。日本の社会保障が「全世代型」に移行し、高齢者だけでなく現役世代をも対象とするようになると、家族、労働・雇用、住宅、子育て（および教育）といった分野の重要性が高まる。これらは年金、医療、介護の3分野と異なって、社会保険ではカバーされていない分野である。新しい政策ニーズを従来の社会保険の枠内に押し込んでしまうなら、多くの政策ニーズが社会保険の論理で切り捨てられてしまう。また社会保険料は、負担構造の応能性を高める上でも限界がある。政策の普遍性を担保し、費用負担の応能性を高めるには新しい財源調達手段、つまり租税財源が必要である。これらの諸条件をすべて満たすことができるのは、日本ではミニマム税をおいて他にないように思われる。

もちろん、社会保険料や消費税の財源としての重要性を否定しているわけではない。しかし現状では、社会保障の新たな財源調達を考える際、逆進的な消費税と社会保険料の二者択一しかないことが、財源論議に閉塞感をもたらしているように思われる。

政府税制調査会の海外調査で2022年6月にフランスを訪れた際、課税当局の担当者が我々に、「わが国では社会保障財源を新たに調達するには付加価値税率を上げる方法と、CSGの税率を上げる方法の2つの選択肢がある」と回答したのが印象的であった。日本ならば、租税財源としては消費税の引き上げ一択であろう。だがフランスでは、強力な財源調達力をもつが逆進的な付加価値税と、やはり強力な財源調達力をもつが応能的なCSGの2つの選択肢があり、その時々の社会経済情勢によってどちらの財源に頼るかを判断できる、というわけであろう。

これは、社会保障の財源調達のフロンティアを拡げることになる。我々は消費税、社会保険料に加えて、第3の社会保障財源として資産性所得に課税ベースを置く何らかの租税を検討すべきではないだろうか。その有力候補の1つとして将来、拡張されたミニマム税を位置づけるべきだと考えている。

4　社会保障財源の「応能化」は税制の再分配機能を強化する

以上で論じてきた社会保障財源の「応能化」は、税制全体の所得再分配機能を強化することにつながる。これには、社会保障支出の財政支出に占める比率がきわめて大きくなっているため、それを賄う財源規模も大きくなっているという背景がある。したがって、社会保障財源が逆進的か、それとも応能的かによって、税制全体の逆進性と応能性が決定されてしまうぐらい大きなインパクトをもつのだ。

この点で、フランスのＣＳＧのインパクトには瞠目《どうもく》すべきものがある。これは、フランス税制全体の負担構造を応能的な方向に切り替え、それを通じてフランスにおける更なる格差拡大を抑制する効果すらもちえたのである。これを、アメリカとフランスの比較分析を通じて実証的に明らかにしたのが、パリ経済学院教授のトマ・ピケティ氏らの研究グループである。以下、彼らの研究成果に基づいて、社会保障財源の応能化がいかに税制全体に影響を与え、ひいては経済全体に影響を与えるかを確認することにしたい（Bozio, et al. 2020）。

図４-３は、１９００年から２０１８年の米仏両国における、課税後の所得不平等に関する推移を示している。所得階層ごとに見るため、①所得トップ10％層、②中間40％層、さらに、③ボトム50％層と、全体を３つの所得階層に分けて、それぞれの所得階層が全体

図4-3　1900年から2018年の米仏両国における所得階層別の課税後所得シェアの推移

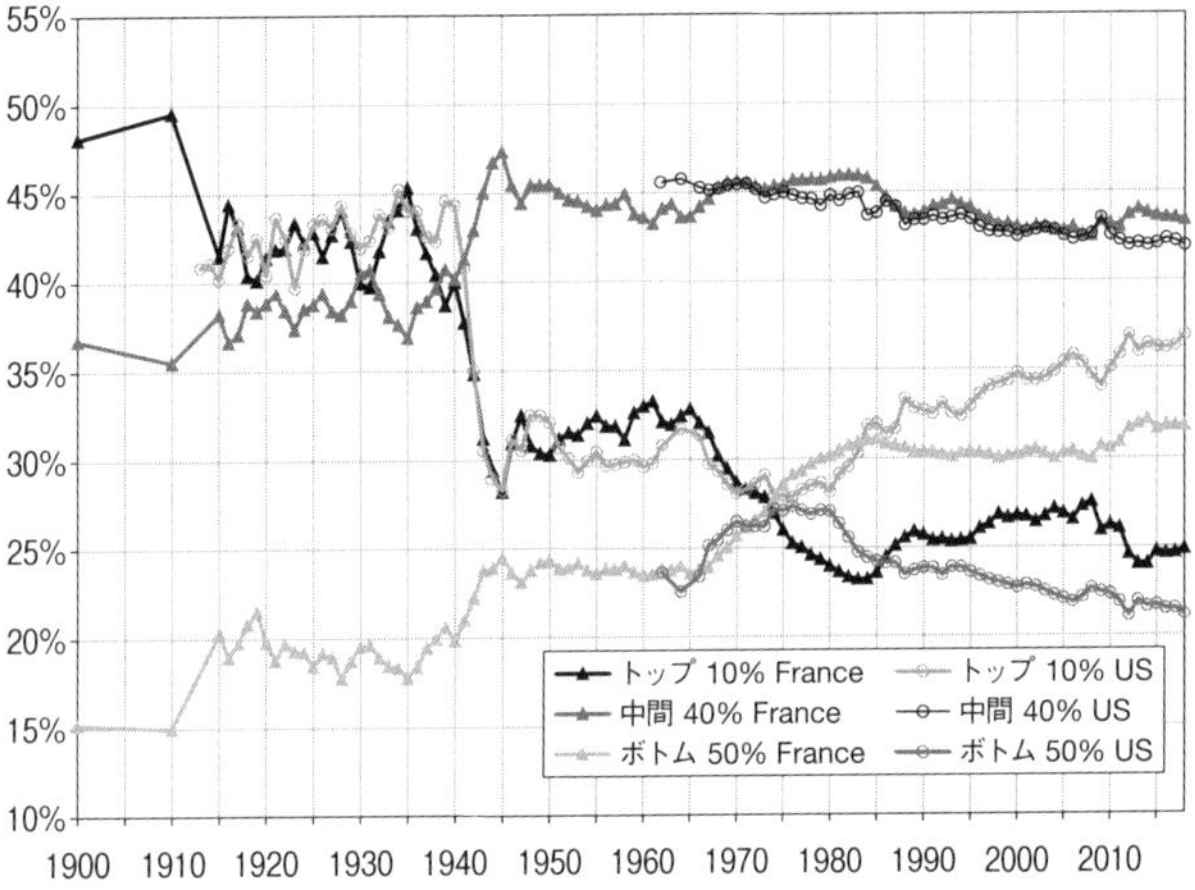

［出所］ Bozio, et al. (2020), p.36, Figure 1

に占める所得シェアの推移を米仏で比較するという方法がとられている。

この図から、フランスのトップ10%層の課税後所得が占めるシェアは、1900年から1910年の48%から1983年には23%まで低下していることが確認できる。これに対してボトム50%層は同時期にシェアが15%から32%へ、中間40%層は36%から45%超へと増大している。

ところが1983年以降、こうした格差縮小傾向は止まって、トップ10%層のシェアはわずかながら上昇（1983年の23%から2018年の25%へ）する一方、中間40%層のシェアがその分だけ低下している。

この結果をアメリカと比較することで、興味深い考察が得られる。第１に、トップ10％層のシェア推移は、20世紀初頭から１９７４、75年まで両国間できわめて似通っている。しかしそれ以降、両国間で違いが生じる。フランスではそれ以降もトップ10％層のシェアが下がり続けたのに対し、アメリカでは１９７４年の28％から２０１８年の37％へと上昇に転じた。逆にアメリカのボトム50％層のシェアは１９７４年の27％から２０１８年の22％に低下した。アメリカでは格差が再び拡大し始めたのに対し、フランスでは格差縮小が続くという対照的な結果になったのである。アメリカのトップ10％層のシェアは、１９４５年から１９８０年をボトムとするU字型を描いているのに対し、フランスではL字型を描くことになった。

また、フランスにおける格差縮小の傾向は、トップ10％層とボトム50％層のシェアが１９７５年に逆転し、その後も両者の差が開いていったことからも確かめられる。アメリカでも１９７５年に両者のシェアはほぼ同率になるまで近づくが、その後はむしろ、両者の差は開く一方である。これはアメリカで格差拡大が継続し続けていることを示している。

以上のように、フランスとアメリカで明暗が分かれた背景には、両国における租税構造の違いがある（**図4－4**）。20世紀初頭の時点ではフランスの税収の92％は間接税で占められ、資本課税はわずか８％を占めるなど、逆進的な負担構造であった。これに対してアメリカは、資本課税が60％、間接税が26％、そして所得税が12％を占めるなど、フランスに比べれば応能的な租税構造であった。

ところが第２次世界大戦後、両者の関係は逆転した。まず、フランスの租税構造が劇的に変化した。その間接税比率は92％から現在の36％へと低下、資本所得課税や累進的な所得税の税収が顕著に増えた。さらに社会保険料収入が大幅に増加、１９９０年には税収と社会保険料収入が40％を占めるまでになった。

しかしその後、社会保険料が引き下げられる代わりに、労働所得と金融所得に同率で課税する「一般社会拠出金（ＣＳＧ）」が導入された。これは、賃金にのみ上限つきで比例的に課税するが、逆進的性質をもつ社会保険料の負担構造を、勤労性・資産性の両所得に対して上限なしで比例課税する、ＣＳＧの応能的な負担構造に切り替えることを意味した。

次に、アメリカでは第２次世界大戦後、資本課税からの税収が総税収の60％から20％未満へと減少した。間接税収入の占める比率は20世紀を通じてほぼ一定だったが、所得税の国民所得に占める比率は、１９１０年代の１％から現在の11％まで大きく増加した。

図4-4　米仏両国における租税構造の推移
（国民所得に占める税収の比率）

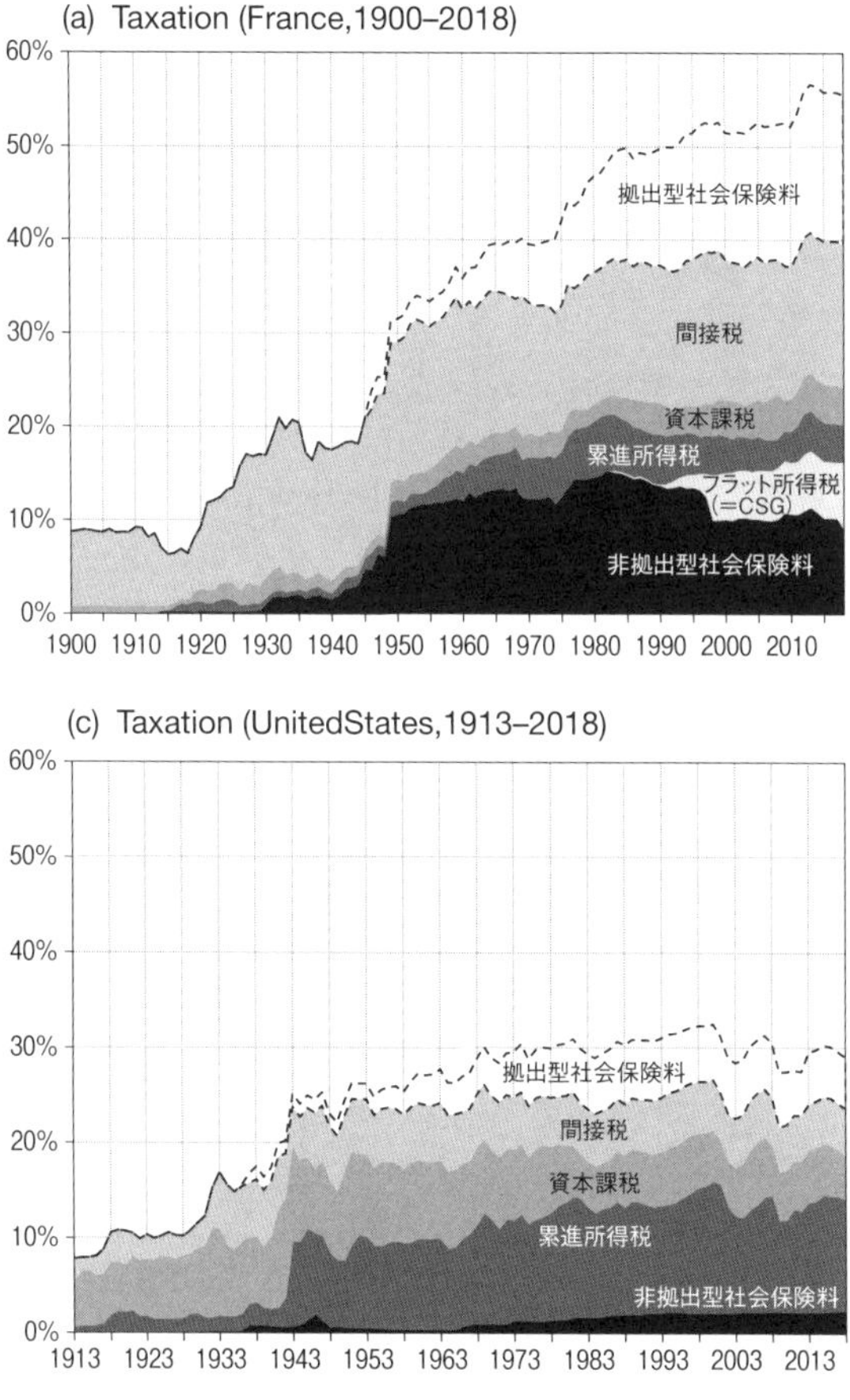

［出所］Bozio, et al. (2020), p.40, Figure 5 を筆者一部改変

図4−5　米仏両国における所得階層別ごとの所得課税平均税率：1970年と2018年の比較

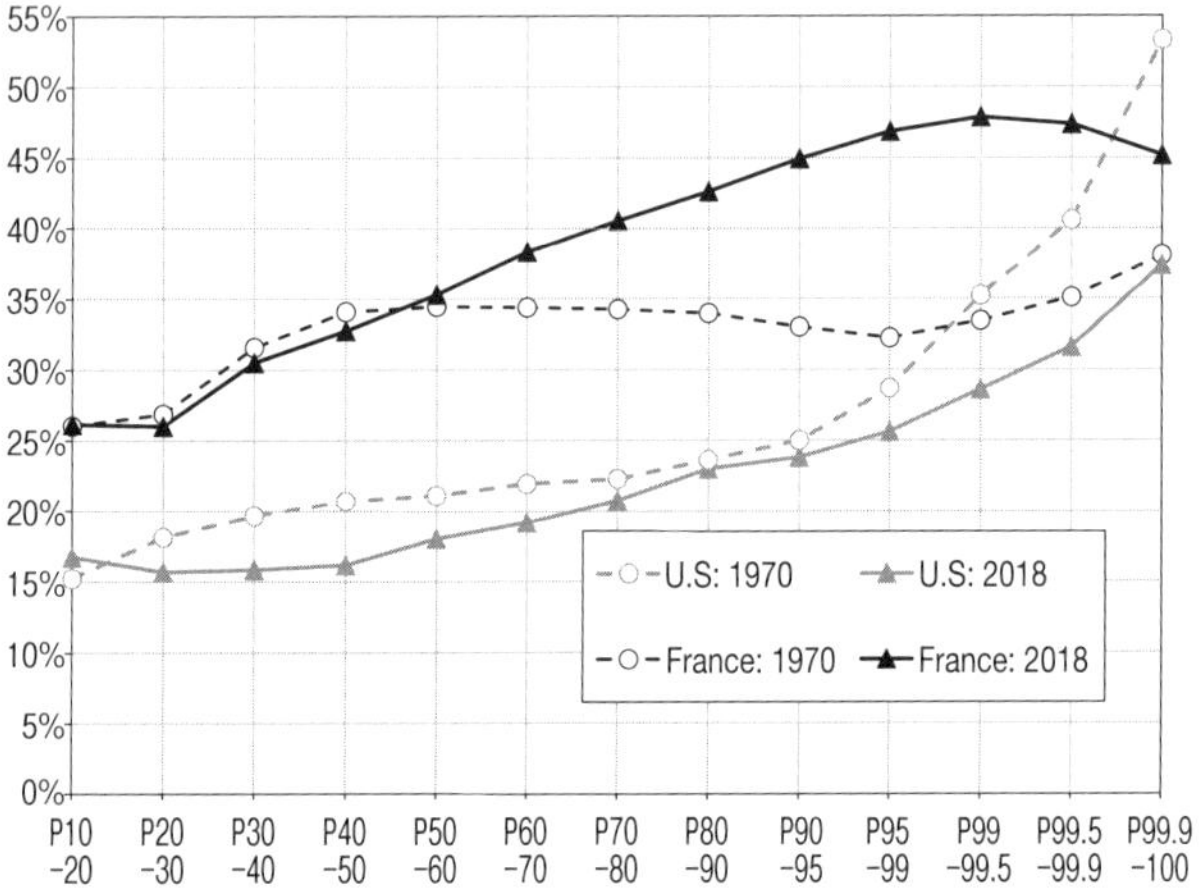

［出所］Bozio, et al. (2024), p.41, Figure 6

［注］横軸の「P」は、パーセンテージの意味。納税者を所得に基づいて下から積み上げていったとき、「P90」とは階層分布のうち、下から90%目、上位10%という意味になる。トップは「P100」、「P99.9-P100」は、「上位0.1%」ということになる

こうした租税構造の変化は、税制による再分配機能にどのような変化をもたらしたのだろうか。それは、所得にかかる複数の税目の税負担総額を所得階層別に、その平均所得で割ることで求められた平均税率の推移で示される（**図4－5**）。1970年のフランスの租税構造（破線）がほぼフラットだったのに対し、2018年の租税構造（実線）は、トップ1%層に至るまで累進的な負担構造となっている。1991年のCSG導入と社会保険料の引き下げが、フランス

税制の所得再分配機能を大幅に高めたことが読み取れる。

これに対してアメリカの租税構造は、1970年時点（破線）ではかなり強度の累進構造だったが、2018年（実線）になると平均税率の水準が全般に低下しただけでなく、累進度が大きく後退、負担構造がフラット化した。これらは、1980年代のレーガン政権の税制改革以降における所得税フラット化、資産性所得への税率引き下げなど、一連の税制改革がもたらした帰結であろう。

以上、米仏両国における租税構造の変化と所得階層別の平均税率の推移をみてきた。こうした租税構造の変化はいったい、経済全体の所得不平等是正に対してどのようなインパクトを及ぼすのであろうか。

表4-5は、「ボトム90％層の平均所得に対するトップ10％層の平均所得の比」で示される不平等指標が、表中で示される期間にどの程度変化したのかを百分率で示したものである。課税前所得の不平等の変化が、どのような要因で生じたのかが理解できるよう、要素分解してそれぞれの要因ごとの変化も百分率で示されている。

この表から読み取れるのは、次の4点である。第1に、米仏両国とも程度の差こそあれ、100年以上の時間をかけて課税後の所得でみた格差を縮小させてきたということである。

表4-5　日仏両国における課税後所得の変化の要素分解

変化の内容	フランス			アメリカ		
	1900-2018	1900-1983	1983-2018	1913-2018	1913-1983	1983-2018
課税後所得不平等の変化	−64%	−67%	10%	−15%	−37%	35%
課税前不平等の変化	−43%	−56%	26%	7%	−29%	50%
税／所得移転の変化	−13%	−5%	−12%	−9%	−3%	−7%
現物／現金給付の変化	−8%	−6%	−4%	−13%	−5%	−9%

［出所］Bozio, et al. (2024), p.35, Table 3 を筆者一部改変

ただ第2に、1983年以降は格差縮小傾向が反転し、両国とも拡大傾向に入っている。第3に、その最大要因は両国とも、1983年以降の課税前不平等の拡大にあることが読み取れる。第4に、こうした格差拡大のトレンドに対して税や所得移転はそれを完全に相殺できないものの、フランスではある程度、その抑止に寄与できている。

これに対してアメリカのそれは、あったとしても効果がきわめて小さく、課税前不平等の急速な拡大に対してほとんど「焼け石に水」と言っていいほどである。

総体としてフランスは1983年以降、課税前所得の不平等の拡大を抑制しつつ、税や所得移転による格差是正効果を高めたことで、課税後所得の不平等の拡大をある程度、抑制することに成功していると言えよう。これに対してアメリカは、課税前所得の不平等拡大がきわめ

て顕著にもかかわらず、それに対抗する税・社会保障の所得再分配効果が小さく、ハイペースでの格差拡大を許してしまっていると結論づけられる。

フランスは社会保障財源の「応能化」に取り組んだことで、市場経済に格差是正装置を埋め込むことに成功し、それが作動したことで極端な格差拡大を抑えることに成功しえたと評価できる。その中でCSG導入による社会保険料の代替は、きわめて大きな効果を発揮したに違いない。

5　政治に翻弄された消費増税

では、社会保障財源として消費税をどう考えればよいのか。もちろん消費税は、社会保険料とならぶ社会保障財源の根幹である。今後、全世代型社会保障を充実させていく上でも、最有力の財源候補であることに変わりはない。だが、消費税率が現在の10%に引き上げられた2019年10月以降、さらなる消費増税に向けた動きは封印されており、可能性の議論すらなされていない。なぜか。消費税の引き上げは政権にとってきわめて政治的リスクが高く、場合によっては政権を失う恐れがあるからだ。これが、現在の状況に至っている第1の理由である。

消費税10％への引き上げの起点となった、「社会保障と税の一体改革（以下、「一体改革」と略す）」に関する民主、自民、公明各党によって、3党合意が実現した頃（2012年6月）と比べると、消費税をめぐる政治の風景はまったく変わってしまった。いまは消費増税どころか、あらゆる増税の問題提起が直ちに批判を浴び、政治家がそれを言い出せない状況が現出している。以下では、3党合意以降の経緯を振り返ってみよう。

最初に「一体改革」に関する成案がまとめられたのは2011年7月、民主党の菅直人首相の下であった。その後、後を引き継いだ野田佳彦首相の下で、2012年1月に素案、そして翌2月に大綱がまとめられた。消費税率を2014年4月に8％へ、そして2015年10月に10％に引き上げることなどを定めた税制抜本改革法が、同年の通常国会に提出された。同法案は最終的に2012年8月、参議院で民主党、自民党、公明党の賛成をえて可決・成立した。

税率を5％から10％に引き上げることにより生じる増収の使途は、次のように定められた（**表4-6**）。表の1)の社会保障の機能強化a)からc)に充てられるのが税率にして3％分、

表4-6　消費税率引き上げによる増収の使途

目的	内容	充当税収
1）機能強化	a）制度改革にともなう費用増加	税率1％相当
	b）高齢化にともなう費用増加	税率1％相当
	c）基礎年金国庫負担の1/2への引き上げ	税率1％相当
2）機能維持	将来世代への負担の先送りの軽減	税率1％相当
3）消費税引き上げにともなう社会保障支出等の費用増加		税率1％相当

［出所］政府広報（内閣官房）資料「社会保障と税の明日を考える」より筆者作成

2)の社会保障の機能維持に充てられるのが1％分、そして、3)の消費税引き上げにともなう社会保障支出等の費用増加に充てられるのが残る1％分である。

このうち1)が「機能強化」とされているのは、社会保障の内容の充実、あるいは制度的な機能強化につながるためである。a)の「制度改革にともなう費用増加」は税率1％分（約2・7兆円）を充て、子ども・子育て支援、医療・介護サービスの充実、年金制度の改善に用いられる。b)の「高齢化にともなう費用増加」は、高齢者の増加にともなう社会保障費用の自然増を意味し、税率1％分がそれを賄うために充てられる。c)はそれまで1／3だった国庫負担率の1／2への引き上げによる費用増加を賄うことを意味し、同様に税率1％分を充てる。

2)が「機能維持」とされているのは、それまで国債発行による調達資金で賄っていた社会保障部分を、消費税の税収で置き換えることになるので、社会保障の内容そのものに変更はないからである。最後に3)は、消費増税にともなって増える国・地方自治体の消費税負担分を賄うことに充てられる。

以上、一体改革とそれを支える消費増税に関する3党合意と引き換えに、2012年11月、野田首相は衆院解散に踏み切ったが選挙に惨敗、退陣した。民主党から自民党・公明党への政権交代が起き、税制抜本改革法に沿って消費税率を引き上げる役割は、皮肉なことに3党合意の当事者ではなかった安倍晋三首相に委ねられた。

安倍首相は在任期間中に2度の消費税率引き上げを行ったが、いつも政治的に盤石の基盤を築いてからそれを実行に移した点で、巧妙であった。1度目（2014年4月）の5%から8%への引き上げは、2012年12月の衆議院選挙で大勝して民主党から政権を奪還し、さらに2013年の参議院選挙で圧勝し、衆参のねじれを解消したうえで実行した。

2度目の8%から10%の引き上げは、予定されていたスケジュールを2度も延期した。本来は2015年10月に10%への引き上げが実施されるはずだったが、安倍首相は2014年11月、10%への引き上げを1年半延期して2017年4月とすることを表明、その是非を問うために衆議院を解散した。結果は、自民党が単独で絶対安定多数の266を超える291議席、公明党が最多の35議席を獲得、両党合わせて議席数の3分の2以上を維持し、大勝した。

ところが2016年6月、同年7月に予定されていた参院選挙を前にして安倍首相は、デフレ脱却が思うように進まないことから、消費税率10%への引き上げを再延期し、2019年10月とすることを表明したのち、選挙戦に突入した。結果、与党は過半数の61議席を大きく上回る70議席を獲得、大勝を収めた。

2017年10月の衆議院選挙を控えた同年9月には、小池百合子東京都知事らによる新党「希望の党」が結成される中で、安倍首相は予定されていた消費税増収分の使途変更を打ち出した。8%から10%への税率引き上げで生まれる増収分約5兆円のうち、1兆円分が社会保障の充実、4兆円分が「将来世代への負担の先送りの軽減（「機能維持」）」に充てられる予定だった。そのうち後者の半分である2兆円分を、教育や子育て支援（高等教育・幼児教育の無償化、保育の受け皿の前倒し整備、保育士・介護士の処遇改善）に振り向けると表明したのだ。

これは、希望の党に合流した民進党が唱えていた、介護・保育・高等教育の無償化政策に対抗する措置だとみられた。その上で、使途変更の是非を問うとして衆議院を解散した。

結果は、与党の圧勝に終わった。自民党は284議席、公明党は29議席を獲得、両党合わせて衆院定数の3分の2を上回る313議席を確保した。こうして両院で安定的な基盤を築いた上で2018年12月、安倍首相は税収の使途変更をともなう消費税率の10％への引き上げを閣議決定、2019年10月に税率引き上げが4年遅れでようやく実現した。

以上の経緯を振り返って改めて気づかされるのは、上記一連の過程を経て現在、2012年の3党合意の基盤がすっかり失われてしまったという点である。3党合意の際は、社会保障の将来像とその財源としての消費税引き上げを政争の具にしない、という合意があったはずである。しかし、安倍政権と民主党（その後、民進党、およびその後継政党の立憲民主党・国民民主党）が鋭く対立する中で、消費税引き上げは逆に、政争の対象となってしまった。

3党合意の当事者でなかった安倍首相に、合意への思い入れはなく、もう一方の当事者であった旧民主党の後継政党も、いつの間にか消費増税を取り下げ、むしろ税率引き下げすら唱えるようになった。

6　日本経済が低迷した本当の理由

以上が、消費税の引き上げを困難に至らしめている第1の理由であり、政治的なものであった。これに対して第2の理由は、経済的なものである。

消費増税は消費に打撃を与え、景気を悪化させるという批判に対して、政治はこれまで十分に応答できてこなかった。たしかに過去の消費税率の引き上げ直後は消費が縮小し、それがGDPに負の影響を与えてきた。だがそれは一時的なことで、その後、消費は回復している。それでも消費税率の引き上げはいつも大きな政治的争点となり、それが経済に与える負の影響をめぐって、強い反対論を招いてきた。

経済に対する負の影響を根拠とした消費増税反対論が根強いのは、過去30年間、日本の賃金が上昇しなかったことが作用していると考えている。OECDのデータによれば、1991年の日本の賃金水準を100とすれば、2018年のそれは103、まったくと言っていいほど上昇しなかった。

これに対して2018年のスウェーデンの賃金水準は163で、日本と大差が開いている。賃金が上がらない状況下で消費税率を上げれば、税負担は家計に食い込み、可処分所得が減少、消費を冷え込ませるのは当然である。これが、日本経済が増税ショックに対して脆弱な理由であろう。

賃上げが低迷した背景には、日本の生産性上昇の停滞があり、さらにその背景理由として、日本の産業構造転換の遅れを指摘することができる（諸富 2020a）。

この点で、スウェーデンは参照事例としてきわめて興味深い。スウェーデンは福祉国家として有名で、その付加価値税（日本の消費税に相当）の税率は25％にも達しているが、その経済実績は日本よりはるかによいからである。1990年以降の30年間、1990年代初頭のバブル崩壊や2010年代初頭の欧州債務危機など一部の時期を除き、ほぼ全期間にわたって日本よりも高い成長率を記録し、アメリカに肉薄する水準に達していた（図4－6）。その結果としてのスウェーデンの継続的な賃金上昇については、上述した通りである。

常識的には福祉国家は社会保障を中心に政府支出の規模が大きく、税負担は重くなるため、経済実績は福祉国家でない国を下回りそうだ。ところが、スウェーデンと日本の比較から分かるのは、福祉国家であるスウェーデンの方が、成長率が高く、賃金もはるかに上

図4-6　日本、アメリカ、スウェーデンの実質経済成長率の推移

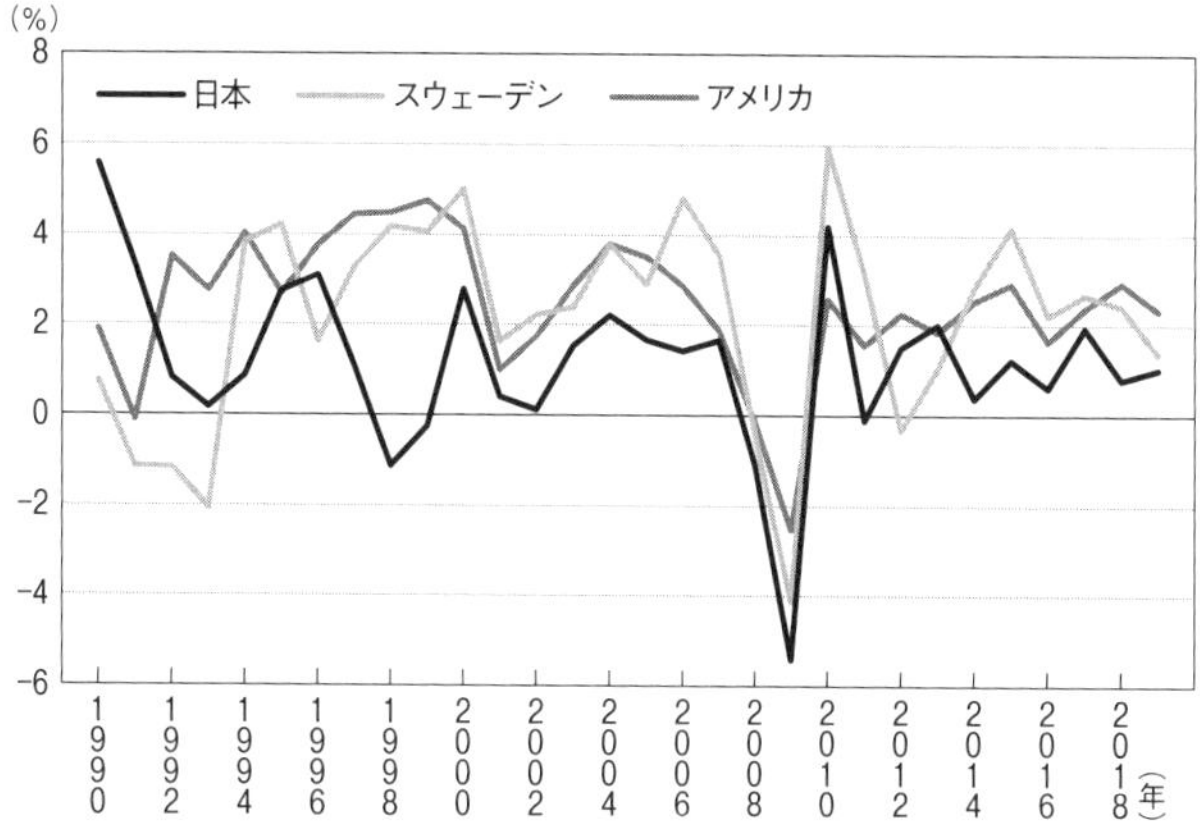

［出所］OECD Data, "Real GDP Forcast" より著者作成

昇し続けているという現実だ。なぜ、こうしたパラドクスともいうべき事態が起きているのか。

こうした産業の新陳代謝を引き起こす中核的な政策手段が、「同一労働・同一賃金」(「連帯賃金」)である。日本では、正規労働者と非正規労働者の賃金格差を是正する措置と理解されているが、スウェーデンでは公正な賃金を保障する仕組みであると同時に、産業構造転換を促すドライバーとしての機能を果たしている点が驚きである。なぜなら、賃金を上回る価値を生み出せる高生産性企業は、賃金を払ってもなお利益が手元に残るが、生産性の低い企業は、賃金を支払うと赤字になってしまうからである。

この結果、競争に敗れた企業の倒産・撤退が生じるが、スウェーデン政府はその労働者と家族を失業給付、家族手当、住宅手当でしっかりと守る。福祉国家の面目躍如たる部分であり、だからこそ労働者も新しい挑戦に向かって進んでいけるという側面がある。

さらにスウェーデン政府は、公的資金で失業者に職業教育訓練を施し、新しい企業や新しい産業に移動するための技能を労働者に身につけてもらうべく、「積極的労働市場政策」を租税財源で展開している。こうして低生産性企業から高生産性企業に労働力を移すのだ。同じ公共投資でも、インフラではなく人に投資する国家のことを「社会的投資国家」という。スウェーデンは、国家による教育訓練投資の対GDP比が世界で最も高い国の1つで、典型的な社会的投資国家である。

こうして産業構造をつねにアップデートすることで高い生産性を実現していることが、継続的な賃金上昇を可能にしている。そしてそれこそが、25%という世界でも最高水準の付加価値税率を受け入れることを可能にしているのだ。我々がスウェーデンから学ぶべきは単純に、消費税率をスウェーデンと同じ水準に引き上げることではない。彼らが産業の新陳代謝を通じて高い生産性、賃金上昇を実現し、それを通じて高い付加価値税率を受け入れる経済的条件を創出することに成功している点にこそ、注目すべきである。

図4-7　日本とスウェーデンの財政赤字の推移（対GDP比）

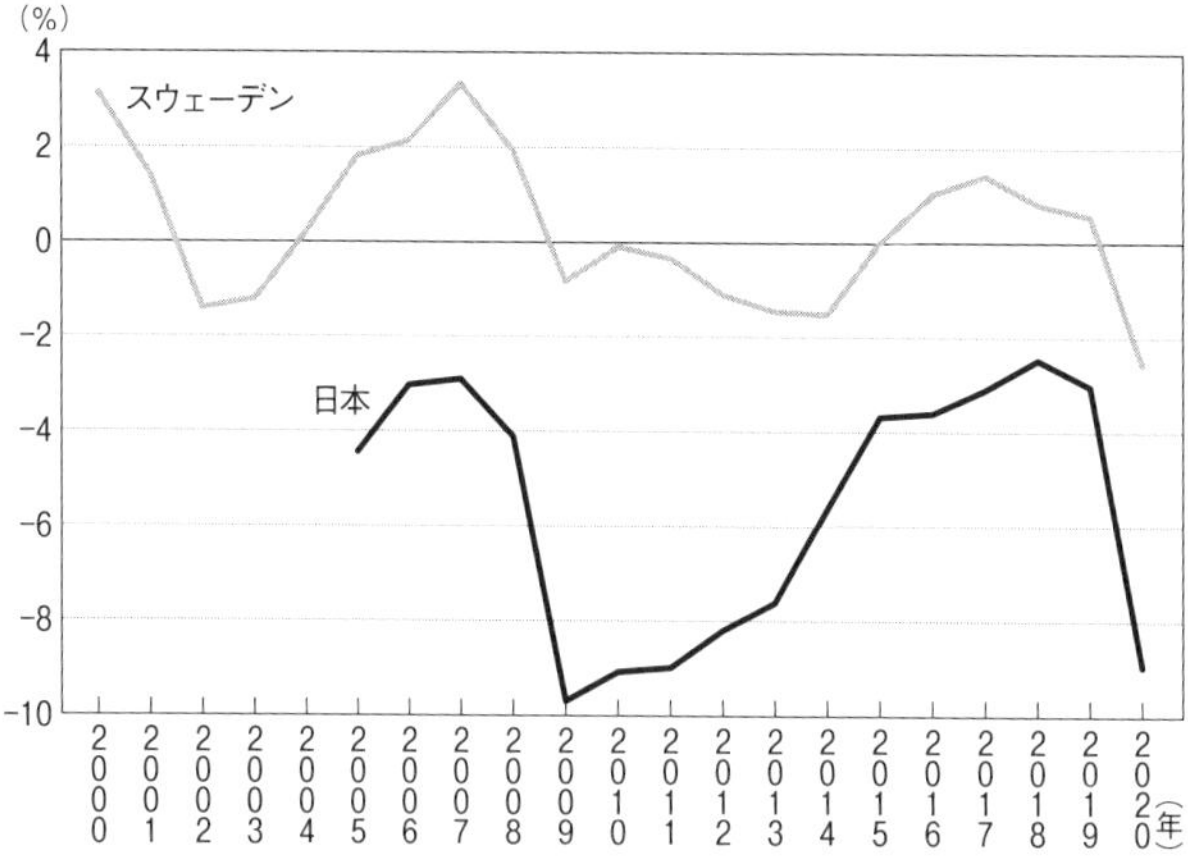

［出所］OECD Data, "General Government Deficit" より筆者作成

ここで、日本とスウェーデンにおける対GDP比の財政黒字と赤字の推移を示しておこう（**図4-7**）。

この図からは、日本とスウェーデンのきわめて対照的な財政パフォーマンスが浮かび上がってくる。

日本はつねに赤字に沈んで、累積債務を累増させているのに対し、スウェーデンは年によって変動はあるものの時間軸を通じてならせば、ほぼ財政均衡を達成している。つまりスウェーデンは日本よりも高い成長率、高い賃金上昇率、高等教育を含む無償の充実した公共サービス、そしてはるかに高い消費税率をもちつつ、財政均衡を見事に同時達成しているのだ。

これは付加価値税率が25％になったからといって、成長率が低下するわけではないことを示す、有力な証拠である。

日本に足りないのは、次の3点からなる政策パッケージだ。第1は、企業間の労働移動を通じて産業構造転換を促しつつ、生産性を高めるための同一労働同一賃金を含めた政策体系、第2は失業者とその家族を守る手厚い失業給付、家族手当、住宅手当などからなるセーフティーネット、そして第3は、公費財源による職業教育訓練投資（人的資本投資）である。

同一労働同一賃金の下で賃金が継続的に上昇するなかでは、絶えず生産性の向上を図らなければ、従業員に賃金を支払ってなおかつ利益を確保するのは難しくなる。それゆえ、このプロセスで生産性の高い企業は生き残り、そうでない企業は淘汰される。

たしかにこれは、個々の企業にとっては厳しい政策だ。だが、こうした淘汰プロセスを経て初めて産業の新陳代謝が生じ、スウェーデン経済の生産性向上が促される。そして、絶えざる生産性向上が継続的な賃金上昇を可能にする。スウェーデン政府は淘汰される企業を守らないが、失業した労働者とその家族はしっかり守り、彼らの再挑戦を支える。

以上のメカニズムが働くならば、仮に付加価値税率（消費税率）を引き上げたとしても、賃金上昇によって税負担増は吸収され、消費への打撃を和らげてくれる。つまり、これが「消費増税の経済的条件」となる。逆に言えば、こうしたメカニズムが働かない限り、消費増税は人々の可処分所得に打撃を与え、消費減退を引き起こすので、その実行はなかなか困難だといえよう。

第5章　来るべき未来に向けて

——これからの税を考える

1　求められる脱炭素化、デジタル化への対応など

最後に、来るべき未来に向けて税制には何が求められるのかを論じることで、本書全体の締めくくりとしたい。

歴史的に、税制はつねに資本主義経済の発展に適応すべく、徐々にだが柔軟にその姿を変えて財源調達手段としての役割を果たしてきた。来るべき未来を見渡すとき、税制は次の4つの構造的変化に対応していく必要があるように思われる。第1に脱炭素化、第2に経済のグローバル化、第3に格差の拡大、そして第4にデジタル化である。これら4つの構造的な変化はいずれも、これからの資本主義を大きく揺さぶる要因であり、税制もまた、それらへの的確な対処が求められる。

第1の脱炭素化では、税制は温室効果ガスの排出に課税することで価格体系を変え、経済が脱炭素化に向かうインセンティブを付与しなければならない。「環境税」や「炭素税」と呼ばれている税がそれにあたる（諸富 2000）。これらは排出量の取引制度とともに、炭素に価格づけを行う「カーボン・プライシング」と呼ばれている。１９９０年代以降、国

際的にその導入が進み、税率や価格水準も上昇している。日本も遅ればせながら、2023年5月に成立したGX（グリーン・トランスフォーメーション）推進法に基づいて、2028年に「炭素賦課金」、2033年には排出量取引制度（GX-ETS）におけるオークション制度が導入されることになった。

第2点目については、経済のグローバル化でタックスヘイブンなどを利用した多国籍企業や富裕層の租税回避が顕著になる中、税制がどう対処すべきかが問われている（諸富2020b）。的確な対応ができなければ巨額の税収が失われるほか、税制の公平性が大きなダメージを受けることになる。

この点での本格的な取り組みは2010年代前半に始まり、OECDの「税源浸食と利益移転（Base Erosion and Profit Shifting: BEPS）」プロジェクトがその主要な舞台となった。2021年10月、法人課税ルールの見直しについてG20は最終合意に達した。(1)デジタル課税の仕組みと、(2)法人利益に対するグローバルな最低税率（15%）の導入の2点は、約100年前に形成された現行の法人課税ルールの根本的な見直しを意味し、記念碑的な成果だといってよい。

新しい法人課税ルールを盛り込んだ多国間条約は当初、2022年末までに批准手続きを終え、2023年に発効するはずだった。だがこの当初スケジュールは主としてアメリカの事情で遅れを余儀なくされており（米国議会下院で多数派を握る共和党が条約批准に反対しているため）、本書の執筆時点では条約の批准手続きが2024年6月末に、そして発効は2025年にそれぞれ延期されている。

第3点目は格差拡大への対処である。1980年代以降、規制緩和・民営化など新自由主義政策が導入される一方、税制は累進所得税がフラット化されるなど所得再分配機能を失った（諸富 2020b、第2章）。このため過去40年間、世界では格差が拡大する一方であった。格差の拡大は社会を分断し、民主社会の存立基盤を危うくするだけでなく、少子化を通じて人口減少を引き起こし、経済成長を阻害する。

貧困を防ぎ、厚みのある中間層を形成することは、民主社会の安定基盤となる。そのためには、再分配機能の担い手である税制と社会保障が有効に機能しなければならない。これまで社会保障は、逆進的な性質をもつ消費税や社会保険料によって支えられてきた。たしかに第3章でみたように、社会保障給付から税・保険料負担を差し引いた純便益は低所得者層で正、高所得者層で負の値をとるため、所得再分配的な構造となっている。

だが今後、税・保険料の負担がさらに重くなれば、低所得層や現役世代に過重な負担がかかる。これは格差を拡大させ、少子化を深刻化させ、さらに消費減退を通じてマクロ経済に悪影響を及ぼす。急速なテクノロジーの進展で今後さらなる格差拡大が予想されるなか、税制と社会保障が有効に対処できるよう、税制の応能性を高めておく必要がある。第4章では「フロー」としての資産所得への課税強化の方策を、日本や諸外国の事例を参考に検討した。これに対して本章では以下、「ストック」としての資産に対して直接的に課税する方策の是非を検討することにしたい。

第4点目は、税・社会保障のデジタル化である。税制が財源調達機能や所得再分配機能を効果的に発揮し、社会保障とより緊密に連携して国民生活を支えるためにも現在、紙ベースで膨大な時間と労力を費やしている徴税実務のデジタル化を進める必要がある。それだけでなく、税制と社会保障の連携を深め、これまでよりも大幅に事務・手続きコストを削減しつつ、迅速かつ効果的に社会保障給付を実行できる環境を整備することが、21世紀型の税制の必須要件となるだろう。

以下では、本書のテーマに関係の深い第3点目と第4点目について、これらの変化がなぜ求められるのか、その背景論理を説明するとともに、具体的な制度構築のあり方を詳述することにしたい。

2 格差の拡大と税制――国際的な資産課税への関心の高まり

1 ピケティによる「グローバル富裕税」の提案

パリ経済学院教授のトマ・ピケティ氏は、世界的ベストセラーとなった主著『21世紀の資本』第4部「21世紀の資本規制」において、資産格差の拡大を防ぐため、「グローバル富裕税」の提案を行った（ピケティ 2014）。

彼は、自らの課税提案を“Global（Progressive）Tax on Capital”と名づけている。これは、そのまま訳すと「（累進的な）グローバル資本課税」となる。しかし本文を読むと、彼は「資本課税」の意味について、総資産から負債を差し引いた純資産に対して税を課すべきことを明確に説明している。したがってここでは「純資産税」、あるいは日本語で同じ意味をもつ「富裕税」と表記することにしよう。

よく知られているように、ピケティ氏は『21世紀の資本』において、1980年代以降に先進各国で経済格差が再び拡大したことを膨大なデータに基づいて歴史的、実証的に明らかにした。彼は１９１０年から２０１０年の先進各国について、総所得に占めるトップ十分位所得の比率が20世紀初頭の時点では顕著に高かったものの、２度の世界大戦を経て急速に低下、１９８０年前後にはそれがボトムに達したこと、しかしその後、反転して再び上昇し始めて現在に至る「U字カーブ」の軌跡を辿っていることを示した。この結果は、我々が再び格差拡大の時代に入っていることを改めて知らしめ、国際的に衝撃を与えた。

先進国が高成長の時代を通り過ぎて低成長経済に入ると、過去に蓄積されたストックとしての富の大きさが、フローとしての所得や貯蓄に対して相対的に大きな重要性をもつようになる。低成長時代には「持たざる者」が得る賃金などの所得の伸びが停滞せざるをえないのに対し、「持てる者」が得るストック（資産）からの資産性所得の伸びは、相対的に高くなる傾向があるからである。

この点こそが、『21世紀の資本』の中核的主張の１つであり、ピケティ氏によれば古代から現代まで「r（平均年間資本収益率：利潤、配当、利子、賃料、そして他の資本からの所得／資本）＞g（経済成長率）」となるのが通例で、20世紀半ばは成長率が課税後資本収益率を上回る、例外的な時期だったという（ピケティ 2014, p.368-373）。その意味で21世紀は、「r＞g」が成立するノーマルな時代に復帰しつつあるだけかもしれない。

そうであれば、格差是正を行うにはフローとしての資産性所得への課税だけでは不十分で、その源泉である資産そのものに課税し、資産保有の格差を是正することが課題とならざるをえない。そのための中核的な政策手段として、ピケティ氏はグローバル富裕税の導入が必要だと訴えている。

グローバル富裕税は、個人が保有する純資産に対して毎年課税する点で、贈与税や相続税と異なっている。その課税ベースには、あらゆる形態の資産、つまり、(1)あらゆる金融資産（銀行預金、株式、債券、その他の金融資産）と、(2)あらゆる非金融資産（とりわけ不動産）の市場価値を合計した価値額から、(3)負債の価値額、を差し引いた純資産に対して課税することになる（課税ベース＝(1)＋(2)－(3)）。税率は、例えば、100万ユーロ以下の純資産に対しては0％、それ以上500万ユーロ未満の純資産に対しては1％、500万ユーロ以上の純資産に対しては2％の低率で課税してはどうか、と彼は提案している。

2 なぜ富裕税なのか？——その経済思想史的な起源

ピケティ氏がグローバル富裕税を提案しているのは、それが経済成長を阻害せずに経済的な格差を是正できる、非常に効果的な方法だと考えているからである。

こうした租税思想の源泉はもともと、19世紀に活躍した古典派経済学者J・S・ミルにまで遡ることができる（高山 2002）。ミルは当時のイギリス経済の発展を図る中で、いかにして資本蓄積を担う資本家階級の税負担を軽減し、経済発展になんら貢献しない地主階級に対して重い負担を課すかが課題だ、と考えていた。この線に沿って彼は、フローの経済価値への課税として、①所得税と②価値増加税を、そしてストックの経済価値への課税として、③相続税を提案した。

まず、①の所得税だが、ミルは所得を2つのカテゴリーに分けた。第1のカテゴリーに含まれるのは、労働者が得る賃金と企業家が得る利潤である。これらは労働と投資という資本主義の経済発展のための経済活動の結果として得られる所得であり、さらなる発展のための再投資原資となるので、軽課すべきだとミルは主張する。

第2のカテゴリーに含まれるのは、地主の取得する地代収入と相続財産である。これらは不労所得であって、生産的な経済活動の結果として産み出されたわけではないので、課税しても経済発展を妨げず、したがって重課すべし、というのがミルの結論であった。

彼はこれだけでなく、②の「地代不労増加税」をも提案していた。これは、現代でいうキャピタルゲイン課税、つまり土地の値上がり益に対する課税である。日本の高度成長期からバブル崩壊までがそうだったように、経済が上昇基調にあるとき、土地と不動産価格も上昇し続ける。しかし地主や家主は経済発展に生産的に貢献したわけではなく、ただ土地と不動産の所有者であることのみを根拠に、キャピタルゲインを取得しているにすぎない。

実際、ミルは当時のイギリスの地主階級が、経済発展になんら積極的な貢献をしないにもかかわらず、その利益だけを地代収入の形で享受していると非難している。そこで、土地の値上がり益のうち、地主自身による土地改良努力の結果とみなされる部分以上のキャピタルゲインに対しては課税し、その利益を社会還元すべきだと主張する。

最後は、③の相続税強化の提案である。ミルは私的所有権とそれに基づく私有財産制を承認しているが、その権利が濫用されることで相続財産が少数者の手に集中集積することを排除しなければならないと考えていた。そこで、強度の累進税率をともなった相続税の実施を提案したのである。

ピケティ氏によるグローバル富裕税の提案は、こうしたミルの租税思想と響きあうものをもっている（諸富 2015）。彼も認めるように、富裕税を実施してきた欧州諸国でも近年、ドイツやスウェーデンなどの導入国が次々とそれを廃止に動いてきた。その背後には、所得と違って手元に納税の原資となる現金があるわけではないので、納税の困難が生じること、上場株を非上場株に転換するなど、資産間で形態を変化させることで課税回避も可能なこと、中小企業の事業継承の阻害要因となっていること、執行費用が高いこと、などの事情がある。もちろん、これに加えて資産を流動的な形態に代えて、海外の低税率国やタックスヘイブンに移してしまう租税回避も大きな問題となっている。

こうした事情にもかかわらず、あえてピケティ氏が富裕税を推奨するのは、やはり富裕税が、富裕層の経済的能力をフローとストックの両面からトータルに把握し、応能的に課税する方法としてもっとも優れているからである。

3　欧州の富裕税とサンダース、ウォレン提案の相違

ピケティ氏の問題提起以降、欧米では資産というストック価値に対して毎年課税する富裕税への関心が高まった。ＯＥＣＤはこれを受けて、２０１８年に富裕税に関する包括的な報告書を刊行している（OECD 2018）。アメリカでは大統領選挙に向けて２０１９年、エリザベス・ウォレンとバーニー・サンダースという２人の民主党主要候補が富裕税の提案を行ったことで、関心を一気に高めた。

イギリスでは、コロナ禍がもたらした急速な格差拡大を是正し、歳出拡大を賄う財源調達手段として富裕税への関心が高まった。「ミード報告書」や「マーリーズ報告書」など、世界に影響を与える報告書をこれまで刊行してきた財政研究所（Institute for Fiscal Studies: IFS）、ロンドン・スクール・オブ・エコノミクスやウォーリック大学などが協力して「富裕税検討委員会（Wealth Tax Commission）」を創設し、２０２０年12月に最終報告書を刊行した（Advani, Chamberlain and Summers 2020）。さらに財政研究所は、専門誌『財政研究（Fiscal Studies）』で富裕税に関する特集号を組み、最終報告書の背景となった専門論文を２０２１年10月に発表している。

これらの報告書や論文は共通して、資産課税の重要性と意義を積極的に認めつつも、それを毎年、資産に対して課税する富裕税の形で実行することには慎重であるべきだとの結論を導いている。相続税があるなら、人生で一回限りの課税で済むこの税を活用することがより望ましいとの立場である。もっとも、フローの資産性所得課税を補完してストックとしての資産にも課税することで、所得再分配政策を強化する必要がある場合には、政策課税として富裕税の活用もありうると述べられている。

それにしてもなぜ富裕税は、これら一連の報告書や論文で推奨されないのだろうか。その主要な原因は、徴税面にある。富裕税を実行しようとすれば、課税対象となる有形・無形のあらゆる資産に対して包括的に資産課税ベースを定義しなければならない。しかも、その価値はつねに変動するので毎年、あるいは少なくとも数年ごとに価値を評価し直さなければならない。相続税が一生に一回限りの課税で済むのに対し、富裕税は毎年こうした作業を実行しなければならず、徴税コストが大変高くつく。

もっとも一部では、富裕税を課すことが資本蓄積を、他の税以上に妨げるかどうかについては確証的なことは言えないと指摘されている。フローであれストックであれ、資産に着目した課税は必ず、何らかの形で課税後収益率を低下させる。こうした影響は富裕税だけに限られない。ゆえに、それでもって富裕税だけを非難することはできないのである。

上記の報告書や論文が富裕税に慎重な背景には、**表5－1**に示されているように、欧州で実施されていた富裕税が次々と廃止され、現在の実施国はノルウェー、スペイン、スイスのわずか3カ国になっているという事情もあると思われる。その背景には、富裕税実施にともなう前述の諸課題に加えて1990年代以降、土地・不動産などを除く非実物資産の租税回避が、以前よりも容易になったという事情も作用しているのではないだろうか。

欧州の富裕税は、比較的低い控除水準を設定して広く網をかぶせる一方、税率は最高で

表5-1　欧州富裕税とサンダース／ウォレン提案

国	導入年数	対GDP比	最高限界税率		控除水準	
			直近	従来	独身	既婚
オーストリア	1954-1994	0.14%	1.00%	1.00%	—	—
デンマーク	1903-1997	0.06%	0.70%	2.20%	5,200万円	1億400万円
フィンランド	1919-2006	0.08%	0.80%	4.00%	4,100万円	8,100万円
フランス	1982-1986, 1989-2017	0.22%	1.50%	1.80%	2億1,100万円	2億1,100万円
ドイツ	1952-1997	0.11%	1.00%	2.50%	1,000万円	2,000万円
アイスランド	1096-2006, 2010-2015	0.48%	2.00%	2.00%	7,700万円	1億300万円
アイルランド	1975-1978	0.10%	1.00%	1.00%	1400万円	2,000万円
ルクセンブルグ	1934-2006	0.55%	0.50%	0.50%	40万円	80万円
オランダ	1965-2001	0.18%	0.70%	0.80%	1,500万円	1,800万円
ノルウェー	1982-現在	0.45%	0.85%	1.10%	2,600万円	5,100万円
スペイン	1977-2008, 2011-現在	0.18%	0%-3.75%	3.75%	6,500万円-1億1,400万円	1億3,000万円-2億2,800万円
スウェーデン	1947-1991; 1991-2007	0.19%	1.50%	4.00%	2,700万円	3,600万円
スイス	(1840-1970)-現在	1.08%	0.1%-1.1%	3.72%	400万円-1,900万円	800万円-3,800万円
サンダース上院議員	—	1.56%	8.00%	—	24億600万円	48億1,100万円
ウォレン上院議員	—	1.34%	6.00%	—	75億1,800万円	75億1,800万円

［出所］Scheuer and Slemrod (2021), p.212, Table 1

［注］着色部分は、現在も実施されている富裕税。控除水準は2024年３月１日時点の為替レートで換算したもの

も２％か、たいていは１％以下という低い水準に抑えることで、租税回避行為を引き起こさないよう配慮されてきた。それでも富裕税の設計によっては、活発な租税回避行為が惹起されることが明らかとなっている。それが、現在なお富裕税を実施しているスペインのケースである。

この税を対象とした分析によれば、活発な租税回避行為により、大きな税収損失が起きているという（Durán-Cabré, Esteller-Moré and Mas-Montserrat 2019）。この分析は、最も多額の税収を上げているカタルーニャ州における２０１１年から２０１５年の富裕税納税申告書のパネルデータに基づいて行われた、租税回避行動に関する実証研究である。

スペインの富裕税は、不動産、銀行預金、宝石、芸術作品、骨とう品、知的財産権、工業的財産権などあらゆる形態の資産に対して、毎年課税される。ただし、様々な控除規定が設けられた。１９９１年には歴史的遺産、芸術的な価値をもつ資産、年金、その他の金融上の権利が課税対象から除かれ、１９９４年には非公開企業の資産、さらに２０００年以降は主たる住居が控除対象となった。様々な政治的な影響や配慮から、これらの例外措置が次々と認められていったのだと思われる。だが、これらは富裕税の有効性と公平性を大きく毀損した。なお、この税は一度２００８年に廃止されたが、２０１１年に再導入されるという経緯を辿っている。

様々な除外規定や控除規定の結果、納税者は自らの資産を減じることなく富裕税負担を回避することが可能となった。例えば、資産のポートフォリオを変更し、富裕税の課税対象を免れることが頻繁に行われている。また、マドリードのように富裕税が実施されてない地域に引っ越すことで課税を免れることもできる。さらに、ビジネス関連の控除措置を最大限に利用することでも、富裕税負担を大幅に減じることができる。

実証分析の結果、課税対象となる資産の課税弾力性は0・64、つまり0・1%だけ富裕税の税率を引き上げると、課税対象の資産が続く4年間で3・24%減少するという結果が引き出された。これは、課税が資産を減少させたのではなく、租税回避の結果として課税対象となる資産が減ってしまったことを意味する。こうした租税回避行動が税収にもたらす打撃は大きく、4年間の税収損失総額は、導入初年の2011年税収の2・6倍にも上るという。

本論文の著者たちは、この結果が富裕税設計の失敗によるものと断じている。あらゆるタイプの資産に包含的に課税すべきで、課税除外や控除措置などで、資産間で異なる取り扱いをしたり、地域間で税の有無、税率の違いを許容したりすることで、租税回避の余地を創り出してはならないと警告している。

他方、現存の富裕税の中で最も多額の税収を上げているスイスの富裕税を対象とする実証分析では、それが格差拡大を抑えるうえで有効な手段であることを示している（Martí, Martínez and Scheuer 2023）。

スイスの富裕税の課税対象は広い。海外で保有されているものも含め、あらゆる資産が原則的に課税対象となる。自宅資産と海外保有不動産、そして年金資産、および退職金勘定に積み立てられた貯蓄のみが、課税対象から外されている。課税ベースはこれらの資産を除くあらゆる資産から負債を差し引いた純資産であり、納税者は納税申告手続きを取らなければならない。課税権は州政府にあり、26州のうち16州で２０１８年の最高限界税率は０・５％を下回る水準であった。

この分析では、富裕税の税率引き下げは資産保有の集中を促し、逆に税率引き上げは資産を分散させる効果をもつことが実証的に確められた。こうした効果はとくに、最も富裕な所得階層で顕著に見られた。トップ０・１％の所得階層の場合、富裕税の税率が０・１％下がると、その後の７年間で彼らの資産占有率が１・２％上昇するとの結果が示された。

スイスの富裕税の平均税率は、１９６９年には０・７３％だったが、２０１８年時点では0・49％にまで低下している。本分析によれば、こうした税率引き下げがトップ0・1％の所得階層における資産集中の要因の4分の1を説明するという。このことは、裏を返せば富裕税の導入やその税率引き上げが、富裕層への資産集中を抑制する効果をもつことを意味している。

4 最富裕層に対象を絞った富裕税――アメリカでの議論

以上の欧州における富裕税と異なり、アメリカでウォレン、サンダース両上院議員が提案した富裕税は、「スーパーリッチ」とも呼ばれる最富裕層に対象を絞った、比較的重い課税となっている。これら両提案の控除水準は欧州の富裕税と比べてきわめて高く設定されている。最富裕層に対象を絞るためである。

実際、両提案の課税対象となるのは、全米で0・1％未満の家庭のみだという。また、その最高限界税率は6％から8％と、これも欧州事例の数倍というきわめて高い水準に設定されている。つまりウォレン、サンダース提案は、最富裕層の資産に重課することで強力な所得再分配効果の発揮を狙っていることは明白だ。もっとも、アメリカはこれまでこうした累進富裕税を課税した経験はないし、これら両提案も両上院議員が民主党予備選でバイデン現大統領に敗れたことで、日の目を見なかった。

とはいえ、こうした富裕税提案が大統領選の争点として俎上に上り、大きな関心を集めた点に、重要な意味がある。カリフォルニア大学バークレー校教授のエマニュエル・サエズ、そしてパリ経済学院教授のガブリエル・ズックマン両氏は、両提案のもつ経済的意味を明らかにしている。

図5-1は、2018年におけるアメリカの所得階層別の平均税負担率（連邦、州、自治体すべてのレベルの税負担を含む）を示す。図の横軸は所得階層を示している。例えば「P0-10」の区分には、所得分布のうち最下位からボトム10%までの人々が含まれる。右へ行けば行くほど、高い所得区分となる。図の縦軸は平均税負担率を示すが、これは税負担合計額の課税前所得に対する比率で定義される。全所得階層を通じた平均税負担率は、28%となっている。

税負担はわずかに累進性を示しているものの、ほぼフラットな負担構造となっている。これは、比例税率一本での課税の場合に近く、累進所得税による所得再分配効果がほとんど発揮されてないことが分かる。それどころか、トップ0・1%の所得階層で平均税率はピークの28%に達し、それ以降は平均税率が低下する逆進的な構造になっている。日本の

図5-1　税負担の累進性に対する富裕税提案の効果
（課税前所得に対する税負担の比）

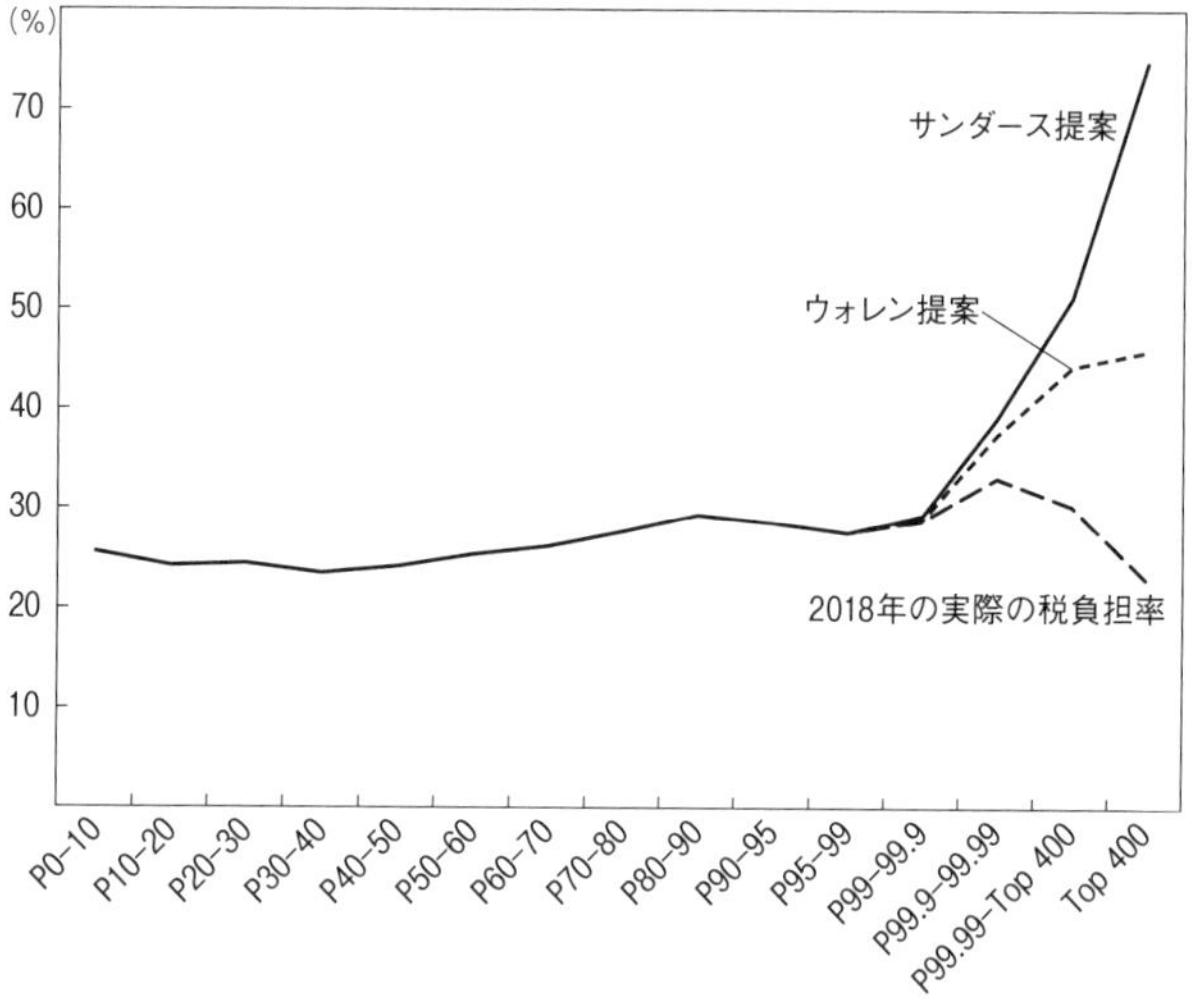

［出所］Saez and Zucman (2019), p.468, Figure 5.
［注］横軸の「P」は、パーセンテージの意味。納税者を課税前所得に基づいて下から積み上げていったとき、「P90」とは階層分布のうち、下から90％目、上位10％という意味になる。トップは「P100」、「P99.99-P100」は、「上位0.01％」ということになる

「1億円の壁」とまさに、相似的な構造である。

　こうした状況下では、ウォレン、サンダース提案が劇的な意味をもつ。彼らの提案が実行された場合の平均税率が図に書き入れられているが、逆進的な現在の負担構造を劇的にひっくり返し、きわめて急峻な累進性をともなう負担構造に切り替えられることが分かる。これで、富裕層の税負担は大幅に上昇する。

サエズ、ズックマン両氏はこの結果から、富裕税は最富裕層に応能的な課税を行い、税制の累進性を回復させる上で直接的かつ強力な手段となりうることが示された、と結論づけている。今日のアメリカ税制における最大の不公正の１つは、トップ４００人の最富裕層が直面する平均税率が中間層のそれを下回っている点にあり、富裕税はこれを是正する点できわめて有力な政策手段だと訴えている。

以上みてきたように、富裕税にはその課税目的に応じて２つの課税方法がある。第１は財源調達が目的で、広く薄く資産に課税することであり、第2は、最富裕層に絞り込んで比較的高い税率で課税し、所得再分配のための政策手段として活用することである。

どちらを目指すかで、制度設計のあり方は異なってくる。徴税技術や徴税コストの問題は残るものの、スイスの事例から明らかなように、租税回避を防ぐためにあらゆる資産に包括的に課税できれば、税制の応能性を効果的に高める税目となることは間違いない。

ピケティ氏が指摘するように21世紀の資本主義では、デジタル化や人工知能（ＡＩ）の急速な発展などテクノロジーの発達が急速に進む結果、格差がさらに拡大する可能性が高い。それは社会をさらに分断し、民主社会の基盤を揺るがすことになる。そうした事態を回避するためにも、税・社会保障の体系を市場経済に埋め込み、格差の極端な拡大を未然に防止できるようにしておかなければならない。

富裕税は、そのための不可欠な装置の1つとして真剣な検討に値するといえよう。第4章でみたように、日本はすでにミニマム税をもっている。したがって日本には、(1)ミニマム税を拡大する方途と、(2)富裕税を新たに導入する方途、の2つの選択肢があることになる。どちらが有効なのか、徴税技術と徴税コスト上はどちらが望ましいのかを勘案し、日本の進路を決定する必要があるだろう。

3 税・社会保障のデジタル化——21世紀の「無形公共インフラ」の構築に向けて

1 「デジタル敗戦」の苦い教訓

最後は、第4点目の「税・社会保障のデジタル化」である。「税・社会保障」としているのは、この変化を税制だけに留めず、社会保障にまたがった取り組みとすることで、国民の享受する便益を最大化できることを強調したいからである。

２０２０年に世界中がコロナ禍に襲われたとき、日本では一律10万円を全国民に給付することが決まった。だが、その事務手続きをめぐって大混乱が生じ、事業者支援のための「持続化給付金」では不正受給問題が起きるなど、十分な支援を迅速に、しかも正確に実行することができる体制が整っていないことが白日の下にさらされた。これは、「デジタル敗戦」とも呼ばれた。

日本では、行政と個人情報を共有することに、プライバシーや個人情報の把握・漏洩への懸念から警戒感や不信感が強く、マイナンバーカード制度も利用は進んでいない。だが欧米や韓国など諸外国では、税・社会保障のデジタル化を進めることで、国民が社会保障給付などを迅速かつ確実に受け取れる環境整備で先行している。行政手続きも簡素化され、社会全体の生産性も上がるなどメリットも大きい。

以下、筆者が政府税制調査会の欧州調査（２０２２年６月）の機会に訪問したフランスとイギリスの事例を紹介することにしよう。

２　フランスにおける税・社会保障のデジタル化への取り組み

フランス政府は２０１３年に、税・社会保障のデジタル化をスタートさせるにあたって、その目的を次のように掲げた。

1、社会保障給付に関する様々な手続きを簡素化し、市民と企業の負担を軽減する。
2、国民が社会保障給付を確実に受け取る権利を保障する。

これらは、税・社会保障のデジタル化がもたらしてくれる2大メリットであり、「デジタル敗戦」を経験した私たちにもよく理解できる点である。フランス政府はこれらを実現するため、新しい情報システムをつくり上げた。

では、このシステムを使って具体的にどのようなメリットが生まれたのか。まず強調しなければならないのは、納税に関わる手続きの簡素化・自動化が可能になり、市民と企業の負担が大幅に軽減されたことである。

具体的には、企業が従業員の給与情報を入力しさえすれば、その情報が即座に社会保障機関や課税当局と共有されるようになった。これにより、企業が個々の従業員について課税所得税を計算し、控除を適用して年末調整を行ったうえで、源泉徴収を行う、という所得税源泉徴収の膨大な手続きがすべてオンライン化され、手続きの大幅な簡素化が実現した。

さらに、所得税の源泉徴収だけでなく、従業員が受ける社会保障給付のために、企業が負わなければならない給与証明書の発行などの関連業務も、大幅に削減されることになった。源泉徴収の場合と同様に給与情報の入力さえ行っていれば、その情報が自動的に政府と共有され、従業員の社会保障給付に活用されるようになったからである。

次に重要なのは、社会保障給付に関して、受給者に大きなメリットがもたらされる点だ。この情報システムを通じて、社会保障給付を迅速かつ確実に国民に届ける情報基盤が整った。通常、社会保障給付を申請する場合、所得証明書を取得・提出して、自らが給付要件を満たしていることを証明しなければならない（「申請主義」と呼ばれる）。しかもこれらは基本的に、紙ベースでの手続きである。これは、次の点で問題がある。

手続きの煩雑さや、貧困者との烙印を押されることへの忌避感（スティグマ）などから、多くの人々が申請を断念してきた。フランスでは受給資格者のうち、実際に給付を受給しているのは、わずか50％から60％にすぎないという（政府税制調査会による欧州調査時のヒアリング結果による）。

この点で、新しい情報システムの導入は、オンライン化で申請者の手続き負担を軽減するだけでなく、（原理的には）申請を必要としないプッシュ型給付を可能にする。なぜなら、政府の側でオンライン上で、その個人の給付要件の自動的なチェックが可能になるからである。現在は依然、給付には本人申請を必要とするが、将来的にプッシュ型給付の実行を決定すれば、迅速かつ確実に給付を届ける制度的基盤が整った意義は大きいといえる。

メリットは給付面だけでなく、納税面にもみられる。申告納税のわずらわしさからの解放である。フランスではオンライン申告納税の際、自分の申告納税ページにはすでに、給与情報等の必要項目が自動記入された状態になっているという。あとは、自動入力された申告書をオンライン上で確認、パソコンやスマートフォンで記載事項を確認し、承認ボタンを押すだけで申告手続きが完了するという。

3　イギリスにおける税・社会保障のデジタル化への取り組み

イギリスの税・社会保障デジタル化の基盤にあるのは、勤労者の所得情報をリアルタイムで把握する「リアルタイム・インフォメーション制度（Real Time Information: RTI）」である。この制度が導入されたのには、1経済構造の変化、2新たな社会保障給付政策の必要性、という点があった。具体的には、次の2点である。

1、働き方の変化への対応：勤労者がより頻繁に職を変えたり、複数の仕事を掛け持ちしたりする新たな働き方に対応するため、所得をリアルタイムで把握する必要が高まった。

2、ユニバーサルクレジット（Universal Credit: UC）導入への対応：給付付き税額控除制度であるＵＣを成功裏に導入するには、受給資格をもつ人の直近の所得水準を把握する仕組みの同時導入が不可欠になった。

ちなみにユニバーサルクレジット（ＵＣ）とは、２０１２年の福祉改革法で導入され、２０１３年より実施に移された英国の「給付付き税額控除制度」を指す（諸富 2009；諸富 2013b）。もともと英国では「子どもの貧困」の解決策として、子をもつ貧困世帯への給付制度の導入が政策課題となっていた。他方、給付が労働インセンティブを失わせてしまうとの批判も根強かった。そこで、勤労で所得が増えると給付額が段階的に減るよう設計することで、批判に応えつつ貧困層に給付する仕組みとしてＵＣが導入された。

しかしＵＣを成功裏に導入するには、所得水準をリアルタイムで把握し、それを迅速に給付額に反映させる必要がある。これが、ＵＣの情報的基盤たるＲＴＩが、ＵＣ開始と同時に導入されなければならなかった理由である。このようにイギリスでも、徴税のためというよりも、子どもの貧困解決のための政策の情報基盤として、税・社会保障のデジタル化が進められたのである。

イギリスもまたフランスと同様、企業が従業員の給与計算・支払手続きを行いさえすれば、そのたびごとに自動的に情報が歳入関税庁（HM Revenue & Customs: HMRC、日本の国税庁に相当）に送付される仕組みが２０１３年4月に導入された。

ＲＴＩの下で企業がやるべきことは、月次であれ週次であれ、給与を支払うたびに申告書に給与支払情報を入力することだけである。入力された情報は、オンラインで自動的にＨＭＲＣに送られる。これは、フランスとほぼ同じ仕組みである。

ただしイギリスでは、制度の構想段階からＲＴＩが社会保障給付と密接に結びつけられていた点が、フランスと異なっている。ＲＴＩを通じて収集された所得情報は、ＵＣの申請者への支給金額を計算するために、現に利用されている。

歳入関税庁から雇用年金省へは毎日、一日につき4度、所得情報が送信されるという。ＲＴＩとＵＣは、２０１３年に同時に導入されたように、両者は一体不可分であり、まさに前者は後者の不可欠な情報基盤となっている。

4　21世紀の「無形公共インフラ」の構築に向けて

以上、英仏の取り組みが日本のデジタル化戦略にとって重要だと思うのは、両国がデジタル化の目的を徴税目的に狭く限定せず、社会保障分野をも巻き込んだ広範な社会改革として位置づけているからである。

デジタル化が、より効果的で効率的な徴税を実現することは確かだが、デジタル化の目的をそれだけに留めてしまっては、マイナンバー制度に対して警戒感と不信感を抱いている国民に、改革の訴求力はもちえないだろう。

両国の試みは、それらがデジタル化を通じて給付行政を改善し、国民生活を効果的に支えられるようになることにこそ価値がある。また、手続きの簡素化で、これまで納税者や社会保障給付申請者が負ってきた様々な手続き上の労苦を軽減できる。企業にとっては、本来は税務署の仕事であるはずの所得税の源泉徴収事務からの解放を可能にし、彼らの生産性を引き上げて社会の持続的な発展を可能にする点こそが重要である。

実際、イギリス歳入関税庁は、ＲＴＩ導入が可能にした企業の負担減がもたらした経済価値がＲＴＩ導入の２０１３年から２０１６年までの４年間で、８億５５００万ポンド

（約1400億円）にも上るとの試算結果を公表している。さらに、手続きの簡素化による費用節約総額は、6400万ポンド（約100億円）にも上るという。

プッシュ型給付の実行という点では、英仏ともコロナ禍の緊急時に必ずしも、これらの仕組みを活用したプッシュ型給付を行ったわけではない（コロナ禍による休業への影響、雇用関係の状況、雇用主の事業継続性などを別途、確認する必要があったため）。他方で、英国が平時からUCによるプッシュ型給付を実行できているのは、RTIを通じてリアルタイムに提供される情報のおかげである。フランスは依然として申請主義に基づくが、将来的にプッシュ型に移行する情報的基盤は整っている。

日本にとっての最大の課題は、税・社会保障のデジタル化に向けた社会的な合意形成である。デジタル化に関する国民の不信感が強いのは、「政府は、本音では課税強化のためにデジタル化を進めたがっているのであって、自分たちにはデメリットこそあれ、何のメリットもない」と受け取られているからであろう。

たしかに、企業が入力する従業員の給与情報が即座に政府と共有される仕組みはセンシティブで、厳格な情報漏洩対策を施した上で、個人情報に関する権利を守るルールの形成は不可欠であろう。だからこそ、何のためにデジタル化を推進するのか、その目的が広く社会で共有されない限り、推進力は生まれない。

英仏両国では、税・社会保障デジタル化の主目的が、①手続きの簡素化による個人・企業負担の軽減、②迅速かつ確実な社会保障給付、の2点に置かれていたことを、ここで改めて想起しておきたい。両国の国民もデジタル化が大きな便益をもたらすことを理解し、実感しているからこそ、これらの取り組みを受け入れてきたといえる。

税・社会保障のデジタル化とそれがもたらす便益の議論は、どちらかと言えば目立たない、地味なものだといえる。しかしそれは、コンピューターのOS（オペレーティング・システム）のようなものである。パソコンなどのハードウェアと異なり、OSは外見では分からないが、まさにその質がコンピューター性能の良し悪しを左右する点で、決定的に重要である。税・社会保障のデジタル化も同じである。税・社会保障のシステムを動かすOSを更新できなければ、その機能向上もありえない。

税・社会保障の分野に限らず、そもそもデジタル化された情報システムは、21世紀の国家に必須の情報基盤（「無形公共インフラ」）である。

20世紀の公共インフラは港湾、橋梁、道路など物的な性質をもっていた。第2次世界大戦後から高度成長期にかけて、日本は膨大な金額の社会資本投資を行ってこれら公共インフラの整備を進め、その上で活動する民間企業を助けた。これが、工業社会の急速な発展を成功裏に導いたのである。

だが21世紀の現在、経済はますます「非物質化（デジタル化／サービス化）」しつつあり、こうした構造変化に対応する無形公共インフラの量と質が経済を決定づける時代に入っている。政府部門でも同じである。かつての物的な公共投資に代えて、現代では「非物質的な公共投資」が必要である。税・社会保障のデジタル化への投資は、この「非物質的な公共投資」の重要な要素に他ならない。これに遅れをとることは、日本が、ますますデジタル化と非物質化する世界に遅れ、その発展の道を自ら閉ざしてしまうことを意味する。

おわりに

ちょうどこの「おわりに」を執筆するタイミングで、こども・子育て支援金を含む「子ども・子育て支援法等改正案」が衆議院本会議で可決され、参議院に送付された。本書の構想・執筆は、「改正案」の骨格が政府の会議で審議され、やがて法案として国会に上程され、論戦が闘わされるタイミングと重なった。

本書が「税と社会保障」を論じる具体的な素材として、こども・子育て支援金を取り上げたのは、これからの日本の社会保障と税を考える上で、避けて通れない論点をいくつも含んでいるからである。これまで年金、医療、介護を中心に高齢者が主たる受益者であった社会保障を、若者や現役世代を含む「全世代型」に切り替えるまさにそのタイミングで、支援金が導入されることになる。

「税と社会保障」をテーマとする本書とすれば、新たに導入される子育て支援政策の費用をどのように調達するかは、最大の関心事となる。政府は、子育て支援の経費を社会保険料（健康保険）に上乗せして徴収することを法案に盛り込んでいる。つまり、支援金は労使折半で負担され、被雇用者の負担分は、給与から天引きされることになる。これはたしかに私たちが慣れた方法であり、「ビスマルク型」と呼ばれる社会保険中心の社会保障制度からすれば、自然な展開にみえる。しかし、本当に「社会保険料の上乗せ」でよいか、検証してみる必要はないだろうか。社会保険制度は病気やケガ、加齢による退職など、避けがたい所得喪失のリスクに対して、労働者たちが資金（社会保険料）を拠出し合い、共同でリスクに対処するための工夫から発生した（「職域連帯」）。

これに対して子どもをもつことは、当事者の自発意思に基づく選択の結果だという点で、通常のリスク概念とは異なっている。傷病のように「避けたいけれども集団としては必ず一定の確率で顕在化する危険（例えば癌の発症など）」といったリスク概念とは性質が異なっている。したがって、社会保険の原理をそのまま子育て支援に適用してもよいのか、という疑念が生じる。

日本の社会保障を今後、「高齢者を支える社会保障」から「全世代型の社会保障」に移行させれば、ますますこうした矛盾は拡大する。職業訓練（リスキリング）、住宅、保育や児童手当など家族関係の支出が増えることになるが、これらは必ずしも勤労を通じたリスクへの共同対処という職域連帯の論理では説明できないからである。しかも、普遍性が求められる政策分野であり、社会保険よりも税で支えるのがふさわしい（「国民連帯」）。だとすれば、戦後社会保障の大きな方向転換に合わせて、改めてその費用負担のあり方を再検討すべきではないだろうか。税と社会保険料は社会保障の財源調達上、相互にどういう関係にあり、どう役割分担すべきなのか。社会保障経費のうち税で賄う部分の税源は何がふさわしいのか。

本書は、こども・子育て支援金を素材としつつ、これら「福祉国家の財源をどのようにして賄うべきか」という問いに対して一定の回答を与えることを目的としてきた。日本のこれまでの議論の文脈ならば、社会保障の財源は社会保険料と消費税の二者択一である。しかし、両者とも課題がある。前者は現役世代に過大な負担がかかり、後者は逆進的である。今後ますます社会保障経費の膨張が予想されるなか、現役世代と低所得者層に過大な負担をかける仕組みが持続可能だろうか。

もっと応能的な負担のあり方を考えることはできないのだろうか。これが、本書で追求した課題である。そこで、第3の選択肢としてフランスやアメリカの事例に学びつつ、資産性所得などに課税し、その税収を全世代型社会保障に充てる事実上の社会保障目的税や、富裕税などの資産課税の可能性を検討した。今後、「社会保険料か、消費税か」の二者択一だけでなく、もっと応能的な第3の財源の可能性も含めて議論の俎上に載せるべきではないだろうか。もちろん追加的な負担は、誰しも避けたいものである。だからこそ時の政権は、社会保障に必要な経費の必要性を国民に訴え、理解を求めなければならない。そのためにも政策の効果、それを支える財源の根拠、経済への影響などについて情報をできる限り公開し、国民的論議に供するべきであろう。

ところが現在、政権は支援金に関して対極といってよい対応に終始している。1人あたりの負担額の試算もなかなか明らかにしてこなかった。ようやく1人あたり平均500円弱という数値のみを公表したが、詳細が不明だと批判されて、所得階層別の負担額や健康保険組合ごとの負担額の試算結果が後から小出しに開示された。そのうえで首相は、「支援金が導入されても実質的な負担は発生しない」との強弁を続けている。

重要な政策を新たに導入するために負担増が避けられないと判断するならば、国民を信じて正面からその必要性を訴え、公開と説得を通じて合意形成を図ることが、政治に求められる本来の役割である。それは、近代国家における財政民主主義の要請でもある。

だがいまの政権の姿勢は、「子曰わく、民は之に由《よ》らしむべし。之を知らしむべからず」（「民を之〈法・政治〉に従わせることはできるが、之を知らせる〈道理を分からせる〉ことは難しい」）という論語の一節を地で行くものといえよう。政権がまるで、ここから「国民になるべく知らせないまま、政権の意の通りに国民を従わせるのがよい」との教訓を引き出しているかのごとくである。

それは、近代民主主義国家に求められる道理とは対極の愚民観だといえるし、選挙への恐れからくる政権の過剰な防衛反応だともいえる。いずれにせよ、支援金をめぐる一連の政権の対応は結果的に、財政民主主義とは何かを改めて我々に考えさせる、反面教師としての役割を演じてくれたことになる。

本書の執筆を通して筆者は、社会保障と税、そして社会保険料の三者の関係について、初めて本格的に学び考えるきっかけを与えられた。それは、現代の日本の税制のあり方について考え直す貴重な機会ともなった。本書の執筆を提案してくれた平凡社新書編集部の和田康成氏には、この場をお借りして、完成が大幅な遅延となったことへのお詫びとともに、こうした貴重な機会をいただいたことへの謝意を心から表したい。

諸富 徹

参考文献

アイゼンシュタット・N、オッペンハイム・C（2023）、『イギリス家族政策はどう変わったのか——子育て・貧困と政府の役割』宮本章史訳、日本経済評論社
天野拓（2013）、『オバマの医療改革——国民皆保険制度への苦闘』勁草書房
池上岳彦（2017）、「社会保障の財源問題——租税と社会保険料をめぐる論点」『社会政策』第9巻1号、p.63-76
伊藤公哉（2021）、「格差是正に向けた金融所得税制等改正の提言——アメリカ投資純利益税を参考にした新たな金融所得税制（富裕層の特別税）の検討」『成蹊大学経済経営論集』第52巻第2号、p.31-55
エスピン＝アンデルセン、イエスタ（2022）、『平等と効率の福祉革命——新しい女性の役割』岩波現代文庫、大沢真理監訳
岡直樹（2023）、「〝1億円のカベ〟の崩し方（富裕層と金融所得課税）」東京財団政策研究所ホームページ（2023年4月3日公開）
小塩隆士（2023）、「再考セーフティーネット（上）——正規雇用前提の制度見直せ」『日本経済新聞』経済教室欄、2023年10月17日
尾玉剛士（2018）、『医療保険改革の日仏比較：医療費抑制か、財源拡大か』明石書店

嵩さやか（2017）、「共働き化社会における社会保障制度のあり方」『日本労働研究雑誌』第59巻第12号、p.51-61

熊倉誠和・小嶋大造（2018）、「格差と再分配をめぐる幾つかの論点――人的資本蓄積と税・社会保険料負担の観点から」『フィナンシャル・レビュー』平成30年（２０１８年）第2号（通巻第１３４号）、p.110-132

権丈善一（2023a）、「社会保険が子ども・子育てを支えるのは無理筋か――『提唱者』権丈善一・慶応大教授が寄稿（上）」『東洋経済ONLINE』２０２３年7月28日公開

権丈善一（2023b）、「子育て世代に負担を課すと少子化が進むは誤解――社会保険活用の『提唱者』権丈教授の寄稿（中）」『東洋経済ONLINE』２０２３年8月1日公開

権丈善一（2023c）、「子育て支援『事業主負担』で賃上げ機運は萎むのか――社会保険活用の『提唱者』権丈教授の寄稿（下）」『東洋経済ONLINE』２０２３年8月4日公開

厚生労働省保険局（2017）、『金融資産等の保有状況を考慮に入れた負担の在り方について』平成29年11月24日、第１０９回社会保障審議会医療保険部会、資料2-2

厚生労働省保険局（2020）、『負担への金融資産等の保有状況の反映の在り方について』令和2年10月28日、第１３２回社会保障審議会医療保険部会、資料1-5

厚生労働省（2023a）、「令和3年度国民健康保険（市町村国保）の財政状況について」報道発表資料

厚生労働省（2023b）、「令和4年度の国民年金の加入・保険料納付状況について」報道発表資料

神山弘行（2023）、「代替ミニマム税（ＡＭＴ）に関する一考察」『税研』第39巻3号、p.20-30

国立社会保障・人口問題研究所（2022）、『令和2年度社会保障費用統計』
国立社会保障・人口問題研究所（2023a）、『日本の将来推計人口――令和3（2021～52〈2070〉年）令和5年推計』人口問題研究資料第347号
国立社会保障・人口問題研究所（2023b）、『第16回出生動向基本調査（結婚と出産に関する全国調査）――結果の概要』
国立社会保障・人口問題研究所（2023c）、『令和3年度社会保障費用統計』
こども家庭庁（2023a）、「参考資料（こども・子育て政策の強化について〈試案〉～次元の異なる少子化対策の実現に向けて～）」 ２０２３年3月31日、こども政策担当大臣
こども家庭庁（2023b）、「支援金制度等の具体的設計について（素案）（概要）」第2回支援金制度等の具体的設計に関する大臣懇話会（２０２３年12月11日開催）、資料1
こども家庭庁（2024）、「子ども・子育て支援法等の一部を改定する法律案の概容」
小西杏奈（2013）、「一般社会税（ＣＳＧ）の導入過程の考察――九〇年代のフランスにおける増税」井手英策編『危機と再建の比較財政史』ミネルヴァ書房、p.341-361
小西砂千夫（2019）、『社会保障の財政学（改訂版）』日本経済評論社
駒村康平編（2018）、『新・福祉の総合政策』創成社
財務省（2023a）、『日本の財政関係資料』令和5年10月
財務省（2023b）、『令和5年度　税制改正の解説』
酒井正・竹沢純子（2020）、「雇用保険財政と育児休業給付」『社会保障研究』第5巻第1号、p.18-37

坂元晴香（2022）、「我が国における少子化と社会経済的要因の関係性について」東京財団政策研究所ホームページ（２０２２年9月20日公開）
柴田悠（2016）、『子育て支援が日本を救う――政策効果の統計分析』勁草書房
柴田悠（2017）、『子育て支援と経済成長』朝日新書
柴田洋二郎（2016）、「フランスの社会保障と税」『健保連海外医療保障』第１１０号、p.8-16
柴田洋二郎（2017）、「フランスの医療保険財源の租税化」『ＪＲＩレビュー』2017(9)、p.4-25
柴田洋二郎（2019）、「フランス医療保険の財源改革にみる医療保障と公費」『健保連海外医療保障』第１２１号、p.10-21
神野直彦（2024）、『財政と民主主義――人間が信頼し合える社会へ』岩波新書
瀬野陸見（2019）、「皆保険体制の普遍性と安定性」『財政と公共政策』第65号、p.95-107
総務省統計局（2021）、『２０１９年全国家計構造調査　所得に関する結果及び家計資産・負債に関する結果』２０２１年（令和３年）５月18日
高端正幸・近藤康史・佐藤滋・西岡晋編（2023）、『揺らぐ中間層と福祉国家――支持調達の財政と政治』ナカニシヤ出版
高端正幸・伊集守直編（2018）、『福祉財政（福祉財政 福祉＋α）』ミネルヴァ書房
高山新（2002）、「税の思想　社会変革と租税――Ｊ・Ｓ・ミルの租税論」『現代思想』２００２年12月号、p.165-175
田中秀明（2010）、「税・社会保険料の負担と社会保障給付の構造――税制と社会保障制度の一体改革に

向けて」『一橋大学経済研究所世代間問題研究機構ディスカッション・ペーパー』CIS-PIE DP No.481
田中秀明（2023）、『「新しい国民皆保険」構想――制度改革・人的投資による経済再生戦略』慶應義塾大学出版会
堤修三（2018）、『社会保険の政策原理』国際商業出版
内閣官房（2023a）、『全世代型社会保障構築会議報告書～全世代で支え合い、人口減少・超高齢社会の課題を克服する～』令和４年12月16日、全世代型社会保障構築会議
内閣官房（2023b）、「『こども未来戦略』案～次元の異なる少子化対策の実現に向けて～」こども未来戦略会議第９回資料（２０２３年12月22日）
内閣官房（2023c）、「全世代型社会保障構築を目指す改革の道筋（改革工程）について」全世代型社会保障構築会議、２０２３年12月22日
内閣府（2015）、「税・社会保障等を通じた受益と負担について」第８回経済財政諮問会議（２０１５年６月１日）、資料８
永瀬伸子（2018）、「正社員女性が第２子を出産する条件――時短と男性の育児参画が効果」『週刊エコノミスト』２０１８年12月25日号、p.78-79
永瀬伸子、ディアデン・L（2018）、「女性活躍なお残る課題（上）――大卒者の年収　極端な低さ」『日経新聞』経済教室欄（２０１８年２月19日朝刊）
野原慎司（2022）、『人口の経済学――平等の構想と統治をめぐる思想史』講談社選書メチエ
ピケティ・T（2014）、『21世紀の資本』山形浩生・守岡桜・森本正史訳、みすず書房（Piketty, T. 2013,

Le Capital au XXIe siècle, Editions du Seuil）
広井良典（1999）、『日本の社会保障』岩波新書
藤波匠（2023）、『なぜ少子化は止められないのか』日経プレミアシリーズ
ボルジェット・ミシェル（2020）、「社会保障制度における税財源の拡大――フランス社会保障制度のパラダイム転換？」『社会保障法研究』（柴田洋二郎訳）、第11号、p.95-110
前田正子・安藤道人（2023）、『母の壁――子育てを追いつめる重荷の正体』岩波書店
松本俊太（2015）、「医療制度改革において大統領は重要か？――ビル・クリントンとバラク・オバマの比較」『名城法学』第65巻第1・2号、p.193-222
宮本太郎（2021）、『貧困・介護・育児の政治――ベーシックアセットの福祉国家へ』朝日選書
持田信樹（2019）、『日本の財政と社会保障――給付と負担の将来ビジョン』東洋経済新報社
諸富徹（2000）、『環境税の理論と実際』有斐閣
諸富徹（2009）、「グローバル化による貧困の拡大と給付付き税額控除」諸富徹編『グローバル時代の税制改革――公平性と財源確保の相克』ミネルヴァ書房、p.203-223
諸富徹（2013a）、『私たちはなぜ税金を納めるのか――租税の経済思想史』新潮選書
諸富徹（2013b）、「『給付付き税額控除』か『ベーシックインカム』か」宮本太郎編『生活保障の戦略』岩波書店、p.145-170
諸富徹（2015）、「ピケティの『グローバル富裕税』論」『現代思想』２０１５年１月臨時増刊号（Vol.42-17）、p.114-128

諸富徹（2020a）、『資本主義の新しい形』岩波書店
諸富徹（2020b）、『グローバル・タックス——国境を超える課税権力』岩波新書
諸富徹（2022）、「資本主義の非物質主義的展開と租税国家」『法律時報』第94巻第5号、p.32-37
山岸敬和（2014）、『アメリカ医療制度の政治史——20世紀の経験とオバマケア』名古屋大学出版会
山口慎太郎（2019）、『「家族の幸せ」の経済学——データ分析でわかった結婚、出産、子育ての真実』光文社新書
山口慎太郎（2021）、『子育て支援の経済学』日本評論社
山崎史郎（2021）、『人口戦略法案——人口減少を止める方策はあるのか』日本経済新聞出版
四方理人（2017）、「社会保険は限界なのか？——税・社会保険料負担と国民年金未納問題」『社会政策』第9巻1号、p.29-47
李世勲・澤井秀樹（1994）、「米国医療保険制度の改革——『米国再生』の条件」『ニッセイ基礎研究所調査月報』１９９４年６月、p.3-19

Advani,A., Chamberlain, E. and A. Summers (2020), *A Wealth Tax for the UK*, Wealth Tax Commission Final Report.
Bozio, A., Garbinti, B., Goupille-Lebret, J., Guillot, M. and T. Piketty (2020), “Predistribution vs. Redistribution: Evidence from France and the United States”, *CREST Working Paper*, No. 2000-24 (*American Economic Journal: Applied Economics*, 2024, forthcoming).

Durán-Cabré, J.M., Esteller-Moré, A. and M. Mas-Montserrat (2019), "Behavioural Responses to the (Re) Introduction of Wealth Taxes. Evidence From Spain", *IEB Working Paper*, N. 2019/04.

Marti, S., Martínez, I.Z. and F. Scheuer (2023), "Does a Progressive Wealth Tax Reduce Top Wealth Inequality? Evidence from Switzerland", *Oxford Review of Economic Policy*, 39(3), pp.513-529.

OECD (2018), "The Role and Design of Net Wealth Taxes in the OECD", *OECD Tax Policy Studies*, No. 26.

Saez, E. and G. Zucman (2019), "Progressive Wealth Taxation", *Brookings Papers on Economic Activity*, Fall 2019, pp. 437-533.

Scheuer, F. and J. Slemrod (2021), "Taxing Our Wealth", *Journal of Economic Perspectives*, 35(1), pp.207-230.

【著者】
諸富徹（もろとみ とおる）
1968年大阪府生まれ。同志社大学経済学部卒業。京都大学大学院経済学研究科博士課程修了。経済学博士。横浜国立大学経済学部助教授などを経て、現在、京都大学大学院経済学研究科教授。おもな著書に『環境税の理論と実際』（有斐閣）、『思考のフロンティア 環境』『ヒューマニティーズ 経済学』『資本主義の新しい形』（いずれも岩波書店）、『地域再生の新戦略』（中公叢書）、『私たちはなぜ税金を納めるのか』（新潮選書）、『人口減少時代の都市』（中公新書）などがある。

平凡社新書 1062

税と社会保障
少子化対策の財源はどうあるべきか

発行日――2024年7月12日 初版第1刷

著者――諸富徹
発行者――下中順平
発行所――株式会社平凡社
〒101-0051 東京都千代田区神田神保町3-29
電話 (03) 3230-6573［営業］
ホームページ https://www.heibonsha.co.jp/
印刷・製本―TOPPANクロレ株式会社
装幀――菊地信義

ISBN978-4-582-86062-7